Может ли православный не быть гомофобом?

Aleh Nahorny

Published by Aleh Nahorny, 2024.

МОЖЕТ ЛИ ПРАВОСЛАВНЫЙ НЕ БЫТЬ ГОМОФОБОМ?

First edition. November 2, 2024.

Copyright © 2024 Aleh Nahorny.

ISBN: 979-8227785220

Written by Aleh Nahorny.

Содержание

Для кого эта книга?

Строго говоря, я написал книгу, которую сам хотел бы прочитать много лет назад. Помню, как спорил с одноклассником в старшей школе о гомосексуализме. Чего я тогда не знал, так это того, что для него это не теоретический вопрос. Я раньше не исследовал эту тему. Но с удивлением обнаружил, что у меня уже есть готовое каким-то магическим образом сформированное мнение об этом. Вкратце суть была такова, что гомосексуальность — это расстройство, отклонение от нормы и грех. И я мог доказать это (как мне казалось) на всех уровнях: биологическом, социальном, теологическом.

Мне казалось очевидным, что на биологическом уровне секс нужен для воспроизводства. Однако гомосексуальные пары не могут иметь детей. Это значит, что это не является биологически нормальным. Тогда я не знал, что даже в животном мире секс используется не только для производства потомства. И тогда я не учитывал, что эволюция озабочена выживанием популяции, а не генами конкретной особи. Однако работы, демонстрирующие преимущества гомосексуальных особей в повышении адаптивных возможностей популяции, появились только недавно.

Мне казалось очевидным, что однополые пары угрожают разрушить институт семьи и брака. А дети, растущие в гомосексуальных семьях, будут морально и психологически травмированы. Я сделал эти предположения «из воздуха». Как я теперь знаю, все независимые научные исследования доказывают обратное. Показательно в этом отношении заключение апелляционного суда Флориды в деле Департамента по делам детей и семьи штата Флорида против Окружного суда округа Майами-Дейд от 22 сентября 2010 года.

«Качество и широта доступных исследований, а также результаты исследований, посвящённых гей-родительству и детям родителей-геев, являются надёжными и обеспечивают основу для консенсуса в этой области <...> Эти отчёты и исследования показывают, что нет никаких различий в воспитании гомосексуалистов или адаптации их детей. Эти выводы были приняты, одобрены и подтверждены Американской психологической ассоциацией, Американской ассоциацией психиатрии, Американской педиатрической ассоциацией, Американской академией педиатрии, Лигой социального обеспечения детей Америки и Национальной ассоциацией социальных работников. В результате, основываясь на убедительных доказательствах, имеющихся в данной области, суд убеждён, что этот вопрос настолько бесспорен, что было бы нерационально утверждать обратное; запрет на гомосексуальное усыновление не обеспечивает наилучшие интересы детей».

В июле 2019 года в Следственный комитет России возбудил уголовное дело против сотрудников соцзащиты Москвы, которые допустили усыновление двух детей-сирот мужчиной, живущим в паре с другим мужчиной. Проведённая экспертиза психологического здоровья детей подтвердила выводы десятков зарубежных исследований: никаких проблем у детей не выявлено. Органы опеки не знали о том, что усыновитель живёт в гей браке, зарегистрированном в одной из европейских стран. Но регулярные обследования условий жизни детей не давали поводов насторожиться. Дети были хорошо материально обеспечены, ходили в многочисленные кружки, выезжали на отдых, выглядели благополучными и счастливыми. В полицию обратились врачи больницы, куда один из мальчиков попал с аппендицитом. Здесь он проговорился, что живёт с братом и двумя папами. В итоге семье пришлось из России бежать.

Но что всё это может значить для верующего, если он твёрдо «знает», что гомосексуальность — мерзость в глазах Бога. Ведь Библия говорит об этом очень ясно и недвусмысленно!

О, если бы мне в старшей школе дали прочитать эту книгу! Может быть тогда моя невежественная самоуверенность не подлила бы масла в огонь внутреннего конфликта собеседника, искавшего гармонии между своей природной сексуальностью и любовью к Богу.

Надеюсь, что эта книга будет полезна тем благочестивым людям, которые узнают себя в описаниях взглядов моей юности. Сегодня я убеждён, что равные права и возможности для квир-персон в Церкви и обществе это не просто требование внешнего падшего мира, а требование здоровой библейской теологии.

О чём именно эта книга?

Дискуссия об ЛГБТ+ поднимает много вопросов и имеет много ответвлений. Но единственный вопрос, который может иметь отношение к богословскому заключению, это: «Препятствуют ли убеждения и практики, связанные с ЛГБТ+, спасению?» Поэтому я поддерживаю противников квир теологии, которые считают центральной в этой дискуссии сотериологическую цитату из Нового Завета:

«Или не знаете, что неправедные Царства Божия не наследуют? Не обманывайтесь: ни блудники, ни идолослужители, ни прелюбодеи, ни малакии, ни мужеложники, ни воры, ни лихоимцы, ни пьяницы, ни злоречивые, ни хищники Царства Божия не наследуют». (1 Коринфянам 6:9-10).

Позже мы обсудим, правильно ли считать «мужеложников» из посланий апостола Павла гомосексуалистами. Пока же отметим, что именно с точки зрения спасения я попробую войти в дискуссию.

«Посему тем более ныне, будучи оправданы Кровию Его, спасёмся Им от гнева!» (К Римлянам 5:9)

Ядром христианского богословия является сотериология — учение о спасении. Все остальное в христианстве, от этических норм до литургических традиций, является средством присоединения ко Христову дару спасения или признаком .

Нравится нам лично или нет образ жизни наших ближних, стиль одежды, выбор профессии, выбор супруга… даже образ благочестия — это не наше дело!

> «Кто ты, осуждающий чужого раба? Перед своим Господом стоит он или падает. И будет восставлен, ибо силён Бог восставить его». (К Римлянам 14:4)

Единственный повод, когда мы имеем право на обличение, это когда кто-то публично проповедует как христианскую норму то, что является препятствием ко спасению. В этом случае мы призваны поделиться своими опасениями и аргументами, чтобы ближний мог осознанно и свободно решить, что он считают правильным и какой путь он хочет выбрать.

Но:

> «Все у вас да будет с любовью!» (1 Коринфянам 16:14)

Прежде чем идти дальше, следует убедиться, что мы понимаем друг друга. Поэтому я сначала объясню, в каком смысле буду использовать некоторые слова и термины.

Пол (биологический)

Когда я пишу «пол» то имею ввиду именно биологические характеристики организма, определяющие доступные ему роли в репродуктивной функции. Я не разделяю архаичное антинаучное представление о монолитности и бинарной природе человеческого пола.

Во-первых биологический пол многоуровневое понятие и не имеет одного определяющего критерия для определения. В частности, он включает: генетический пол (набор хромосом); гонадный пол (половые железы); гормональный пол (соотношение женских и мужских гормонов); внутренний генитальный пол (строение внутренних половых органов); наружный генитальный пол (строение наружных половых органов); субсидальный и сенсуальный пол (развитие вторичных половых признаков); церебральный пол (особенности работы мозга, определяющие половую самоидентификацию).

Во-вторых, один и тот же человек на разных уровнях может иметь характеристики разных полюсов бимодального биологического пола. По статистике ООН, в мире рождается от 0,5 до 1,7 % людей с интерсекс-вариациями, но фактически их больше, поскольку статистика собиралась только на основе тех случаев, когда человек проходил медицинское обследование.

Некоторые люди, например, рождаются с хромосомой XY, но обладают женскими первичными половыми признаками без медицинского вмешательства, и наоборот. В некоторых случаях, разные органы одного и того же организма имеют разный набор хромосом (хромосомный мозаицизм).

В-третьих, биологический пол может быть динамичным. И речь не только о хирургической коррекции организма у интерсекс-новорождённых или о медицинском приведении физиологического пола в соответствие с церебральным у транссексуалов, но и о самопроизвольной смене пола без вмешательства человека. Например, в Доминиканской Республике есть даже специальное слово — гуэведосе — для обозначения девочек, которые в период полового созревания становятся мальчиками. Такие случаи хорошо задокументированы в деревне Лас Салинас, где на 90 обычных мужчин приходится 1 самопроизвольно трансгендерный. Схожие феномены зафиксированы на некоторых греческих островах и в Южной Америке.

Гендер

Под гендером имеется ввиду социальная проекция биологического пола. Поскольку мы воспитаны в бинарной культуре, то в обществе имеются определённые ожидания, как должны вести себя мальчики и девочки, мужчины и женщины. Большинство людей преимущественно соотносят себя с одному из двух гендеров. Хотя на поверку мы с едва ли найдём отдельно взятого человека, который бы всегда и везде соответствовал буквально всем общественным ожиданиям от того или иного гендера.

Тем более, что в обществе есть разные социальные группы и страты, которые имеют не совпадающие представления о гендерных нормах. Вот простоволосая и одетая в брючный костюм женщина в Российском парламенте рассуждает о «традиционных ценностях» и ведущей роли в них Московского Патриархата. Но в храмах и монастырях самого Московского патриархата женщин скорее заставят обернуться в обрезок какой-нибудь безобразной ткани, чем допустят к святыне без платка и в элегантных женских брюках. Таковы местячковые, сектантские, представления русского православия о гетеронормативности. Если мы заглянем в православные храмы других Поместных Церквей, то обнаружим более спокойное отношение к простоволосым и одетым в женские брюки женщинам.

И все же большинство людей в целом вполне гармонично чувствует себя в рамках какой-то из двух моделей гендерной «нормативности». Однако есть и такие персоны, которые слишком резко не вписываются в бинарную гендерную модель. Как правило они не одиноки в своих особенностях. Такие люди на основе этих особенностей могут быть объединены в альтернативные модели социального поведения, которые могут маркироваться как альтернативные или дополнительные генеры.

Впрочем, гендерная самоидентификация (как и многие другие социальные идентификации) сотериологически безразлична.

> «...нет мужеского пола, ни женского, ибо все вы одно во Христе Иисусе». (Галатам 3:28)

Важно только, чтобы человек в любой гендерной роли сохранял добродетельный образ жизни, был способен любить по-христиански. В православных святцах достаточно примеров, когда люди, жившие в соответствии с гендером, не совпадающим с биологическим полом, но дающим преимущества для духовной жизни в патриархальном мире, удостаивались святости: ученик Макария Египетского преподобный Дорофей (Апполинария), благословивший преподобного Серафима Саровского инок Досифей (Дарья Тяпкина), преподобный Марин (Мария Новая), настоятель мужской обители преподобный Евгений (Евгения Римская), преподобный Пелагей (Пелагия) и мн. др.

Гомосексуальность

Феномен ЛГБТ+ слишком многообразен. Я не планирую охватить его весь в этом коротком исследовании. Хотя я предложу общие методологические принципы, с помощью которых можно в дальнейшем проанализировать любой феномен спектра ЛГБТ+. В этой книге я сосредоточусь на гомосексуальности, поскольку это наиболее популярное и обсуждаемое явление.

Помните, что когда я пишу о гомосексуальных отношениях, я не имею в виду любые однополые отношения, а только отношения преданной любви на всю жизнь между равными партнёрами.

Почему меня не интересуют другие гомосексуальные отношения? Потому что отношения, основанные на греховных мотивах или явно сопровождающиеся грехами (измены, унижение партнёра и т. д.), ведут к вечной погибели, даже если это гетеросексуальные отношения. То есть анализ такого гомосексуального партнёрства ничего не даёт для выяснения, именно гомосексуальная природа этих отношений или сопутствующие грехи препятствуют спасению.

Квир теология

В литературе можно найти множество внешних и внутренних определений квир теологии. Я прошу читателя держаться от них подальше во время чтения этой книги. Здесь квир теология — это термин, который обобщает различные школы теологической мысли, предполагающие, что гомосексуальные отношения, если они не сопровождаются другими грехами, не являются препятствием ко спасению.

Квир теология основана на убеждении, что в Писании нет ничего, что осуждало бы гомосексуальные любовные отношения. А тексты, которые христианские фундаменталисты используют для защиты гомонегативной повестки, неправильно переведены и/или неправильно поняты.

Христианство

Вы знаете, что христианство разделено на множество течений и конфессий, которые не могут найти общий язык по многим вопросам. Крупнейшими ветвями христианства являются Православие, Католицизм и Протестантизм. Уже на этом этапе классификации возникает проблема понимания сотериологии.

Упрощая можно сказать, что Католицизм проповедует спасение делами, а Протестантизм — верой. Оба эти подхода объединяет лишь то, что они основаны на юридическом понимании проблемы спасения. Жертва Христа необходима, поскольку Бог каким-то образом не может игнорировать требования справедливости, и чтобы грешникам не пришлось в вечности расплачиваться за свои грехи, за виновных расплачивается абсолютный Праведник Богочеловек Иисус Христос. То есть Жертва Христа это заместительная жертва — удовлетворение справедливости Божией.

«Как непослушанием одного человека сделались многие грешными, так и послушанием одного сделаются праведными многие» (К Римлянам 5:19). Своим послушанием до самой смерти Иисус стал страждущим Отроком, Который поставил Себя на наше место, «принёс Свою жизнь в жертву умилостивления», чтобы «оправдать многих и принять на Себя их вину» (ср. Исайя 53:10,12). Иисус возместил нашу вину и принёс Отцу удовлетворение за наши грехи». (Катехизис Католической Церкви, 615.)

«Закон осуждает всех людей, но Христос, ставший жертвою за нас и понёсший на Себе наказание за грех, Сам будучи при этом без греха, устранил это право Закона обвинять и осуждать верующих в Него, потому что Он Сам является искупительной жертвой, ради Которой нам теперь вменяется праведность. Однако, поскольку они считаются праведными, Закон не может обвинять или осуждать их, несмотря на то что фактически они не исполнили его». (Апология Аугсбургского вероисповедания. [Артикул III]: О любви и исполнении Закона.)

Я принадлежу к восточной православной христианской традиции и адресую русскоязычную редакцию своего исследования своим единоверцам. Но если книга попала в руки не православного христианина, прошу внимательно прочитать главу: «Ключ к вратам Рая — любовь» и самому решить насколько сотериологические предпосылки православного анализа могут быть приемлемы для богословия его конфессии.

Более универсальными являются главы, анализирующие библейские тексты, которыми фундаменталисты обосновывают греховность гомосексуализма. Здесь я привожу универсальные аргументы, которые валидны независимо от конфессиональной принадлежности читателя.

А православного своего единоверца я должен предупредить, что полученные в этом исследовании выводы не являются официальным учением нашей Церкви. Строго говоря, в Православии богословский анализ этой проблемы не проводился ни одним органом, мнение которого является общеобязательным для всей Церковной Полноты. Однако в силу различных внешних причин доминирует гомонегативное прочтение Библии и Святых Отцов. Поэтому можно сказать, что в этой книге я оспариваю убеждения православного большинства. Хотя, повторюсь, у **Православной Церкви всё ещё нет официального соборного учения по вопросам отношения к ЛГБТ+ проблематике!**

Как создаётся иллюзия обратного я покажу на примере пропаганды Русской Православной Церкви в Приложении, которого нет в иноязычных версиях этой работы. Именно пропаганды, потому что при анализе святых отцов и канонического права гомонегативисты используют нечистоплотные пропагандистские приёмы, а не здоровую богословскую методологию.

Неприемлемые аргументы

Несколько слов об аргументах, которые часто используются гомонегативистами, но на которые не стоит обращать внимания.

Я не буду говорить об исторической традиции подхода Церкви к гомосексуализму. Во-первых, потому, что эта традиция не отражена в догматическом учении, а потому относится к тем вопросам, которые не являются неизменными и могут быть предметом дискуссий.

Во-вторых, сами гомонегативисты часто не очень хорошо осведомлены об этой традиции или намеренно её фальсифицируют. (Снова отсылаю вас к Приложению.)

В-третьих, этический прогресс является нормальным и, так сказать, традиционным процессом в жизни воинствующей, земной Церкви. Христиане формируют свои этические взгляды, соотнося свои знания о мире с пониманием духа библейского учения.

«К подтверждению того, что делаем или говорим, надобно прежде всего пользоваться свидетельством Писания, а потом уже и тем, что известно из общего употребления». (Святитель Василий Великий. Нравственные правила, Правило 27.)

И первое, и второе меняются на протяжении истории. Представления об устройстве мира не могут быть статичными, хотя бы из-за развития естественнонаучных знаний. Понимание духа Евангелия углубляется по мере того, как христианские общины развиваются нравственно и, соответственно, предуготовляются к пониманию слова Божьего на новом уровне.

> «Ещё многое имею сказать вам; но вы теперь не можете вместить. Когда же придёт Он, Дух истины, то наставит вас на всякую истину: ибо не от Себя говорить будет, но будет говорить, что услышит, и будущее возвестит вам».
> (От Иоанна 16:12-13)

Этому способствует также развитие библеистики и богословских наук.

По этой причине развитие христианской этики не может оставаться на месте. Это означает, что аргумент: «Так Церковь рассматривала этот вопрос в прошлом» недостаточен в этических вопросах. Необходимо, чтобы за это время не произошло никакого прогресса в науке и теологии, который мог бы повлиять на подход к рассматриваемой проблеме.

Вот пример. В древние времена непродуктивный выброс спермы мужчины был почти равносилен убийству. Люди не знали, что для формирования человеческого организма необходимо объединить информацию от матери и отца. Они считали, что только мужское семя обладает формирующей, творческой силой. Тело матери воспринималось только как материал, которому мужское семя придаёт форму.

«Самец согласно определению отличается от самки тем, что способности того и другого различны, а по виду — известными частями; по определению быть самцом значит обладать способностью порождать в другом, как это раньше было сказано; быть самкой — порождать в себе и родить находящееся в ней самой порождение... ни одна часть плотничьего искусства не заключается в той вещи, которая производится, но от плотника путём движения возникает в материи форма и вид... Подобным же образом природа, присущая самцу из числа извергающих семя, пользуется семенем как инструментом, притом имеющим движение в состоянии энергии, так же как движутся инструменты при производстве искусственных предметов: ведь в них в известном отношении сосредоточиваются движения искусства. И вот, самцы, извергающие семя, именно таким способом принимают участие в порождении...». (Аристотель. О происхождении животных.)

Поэтому формы сексуальной близости, при которых мужское семя не попадает в почву материнской утробы, осуждались примерно так же, как современные христиане осуждают аборты. Древние иудеи и христиане считали, что только одержимость чрезмерной сексуальностью может привести к преднамеренному убийству потенциального ребёнка для получения очередной дозы сексуального удовольствия. (Эти знания пригодятся, когда мы будем обсуждать Послание к Римлянам.)

Однако современная наука (генетика и эмбриология) знает, что жизнь человека как биологической особи начинается со слияния ядер мужской и женской половых клеток и образования единого ядра, содержащего уникальный генетический материал. Поэтому современные христиане отстаивают право на жизнь не с момента, когда мужчина изливает своё семя, а с момента зачатия.

Древним Церквям сложнее всего менять свои взгляды. Ведь в их библиотеке накопилось множество цитат авторитетных для них авторов, отражающих архаичные взгляды. Всегда найдутся прихожане, которые не поймут, почему древний святой так нравственно оценивал то или иное явление. Они просто обвинят современных богословов в модернизме и отступничестве. Вот почему древние Церкви так медленно и неохотно пересматривают свои моральные кодексы. Однако даже в весьма консервативном восточном православии мы уже видим уступки неабортным методам контрацепции.

> «Православная Церковь не имеет догматических возражений против использования в контексте семейной жизни безопасных и неабортивных противозачаточных средств, причём не в качестве идеальной или постоянной меры, а как временную уступку обстоятельствам». («За жизнь мира. К социальному этосу Православной Церкви» — документ, подготовленный Богословской комиссией Вселенского Патриархата.)

Я не думаю, что у авторов документа есть какие-то догматические причины не считать неабортивные методы контрацепции допустимыми в супружеской жизни без каких-либо оговорок. Полагаю, они не перечисляют эти причины в документе ввиду их отсутствия. Но внезапный скачок от осуждения непродуктивной мужской эякуляции как убийства к полному безоговорочному принятию неабортных контрацептивов был бы слишком шокирующим для многих верующих. Поэтому для смягчения удара используется дипломатическая формулировка, что контрацептивы принимаются, но с оговорками, которые, впрочем, не уточнены.

Из этого примера мы понимаем, что даже в самых консервативных Церквях этический кодекс пересматривается, развивается и изменяется. И это нормально!

Второй момент. Я не буду оспаривать утверждение части гомонегативистов о том, что гомосексуальность — не врождённая, а приобретённая черта.

Во-первых, это так же бессмысленно, как спорить с плоскоземельщиками. Чтобы собеседник вас понял, нужна культура научного мышления. Однако сам факт того, что интервьюер проповедует антинаучную чушь, показывает, что, по крайней мере в этом вопросе, он отказывается использовать культуру научного мышления.

Во-вторых, эта книга рассматривает теологическую, а не научную сторону вопроса. И для теологического анализа и моральной оценки не имеет значения, врождённые или приобретённые качества побуждают людей развивать любовные отношения с представителями своего пола. Человек был создан по образу и подобию Божьему. Это означает, что он обладает дарованной Богом способностью творчески преобразовывать мир.

«Если обобщить святоотеческую мысль, то в этом месте Священного Писания речь идёт о творческом преображении мира и человека. Мир не должен был остаться таким, каким он был создан, ему было уготовано совершенствование через творчество людей. Человек способен к творчеству потому, что имеет в себе образ Божий. Подобно Богу он может порождать возвышенные идеи и реализовывать их, и плоды его творчества способны преображать мир». (Вадим Леонов, протоиерей. Основы православной антропологии.)

В человеческом мире «неестественное» не означает автоматически плохое, греховное. Оглянитесь вокруг — человек живёт почти полностью в мире рукотворных предметов и культуры. Это не естественный инстинкт побуждает гомонегативных христиан вступать в брак или строить храмы. Животные удовлетворяют свои сексуальные инстинкты без института брака. И даже если предположить, что у человека есть врождённый религиозный инстинкт, язычники удовлетворяли его среди природных объектов. Противоприродно, противоестественно строить специальные здания для справления религиозных нужд.

Когда я слышу, что гомосексуалисты искажают то, кем их создал Бог, я вспоминаю, что Бог создал нас способными (и даже призвал к этому!) совершенствовать наши природные качества. Разве Библия не говорит, что мы рождаемся с врождённой склонностью к греху, называемой «ветхим человеком»? Разве Библия не призывает нас преодолеть «ветхого человека», чтобы стать «новым человеком» во Христе? Поэтому утверждать, что любое противодействие своей природе ради любой идеи греховно — нелепо. Разве идея святости супружеской верности не заставляет гомонегативных христиан подавлять свои врождённые естественные инстинкты по отношению к другим женщинам?

Поэтому даже тот, кто убеждён в искусственном происхождении гомосексуализма прежде, чем назвать гомосексуальность греховной и неприемлемой, должен показать, как именно эта сексуальная ориентация препятствует спасению. То есть каким именно образом она разрушает духовное здоровье — подтачивает способность к христианской любви.

Ключ к вратам Рая — любовь

Главное слово в православной сотериологии — «обожение» (греч. θεοποίησις — стать богом). Человек создан по образу и подобию Божию (Быт. 1:26), и его задача — стать подобным Богу. «Итак, будьте совершенны, как совершенен Отец ваш Небесный» (От Матфея 5:48), — увещевает Христос. Направляя свою волю к Богу и принимая благодать освящения, принесённую Христом, люди усыновляются Богом и становятся богами по благодати.

«Но когда пришла полнота времени, Бог послал Сына Своего Единородного, Который родился от жены, подчинился закону, чтобы искупить подзаконных, дабы нам получить усыновление. А как вы — сыны, то Бог послал в сердца ваши Духа Сына Своего, вопиющего: "Авва, Отче!". Посему ты уже не раб, но сын; а если сын, то и наследник Божий через Иисуса Христа». (К Галатам 4:4-7).

Святые отцы понимали дело спасения таким же образом:

«Я сказал: вы все боги и сыны Вышнего; но вы умрёте, как человеки» (Пс. 81:6–7). Это, без сомнения, говорит Он к тем, которые не принимают дара усыновления, но бесчестят воплощение чистого рождения Слова Божия и устраняют человека от восхода к Богу и становятся неблагодарными к воплотившемуся за них Слову Божию. Ибо для того Слово Божие сделалось человеком и Сын Божий — Сыном Человеческим, чтобы (Человек), соединившись с Сыном Божиим и получив усыновление, сделался Сыном Божиим. Ибо мы никак не могли бы получить нетление и бессмертие, если бы не были соединены с нетлением и бессмертием. Но как мы могли бы соединиться с нетлением и бессмертием, если бы наперёд нетление и бессмертие не сделалось тем, что и мы, чтобы тленное поглощено было нетлением и смертное бессмертием, дабы мы получили усыновление?» (Ириней Лионский. Против ересей. Книга III, Глава 19.)

«Ибо сделался Он человеком, чтобы в Себе нас обожить; вочеловечился от жены и родился от Девы, чтобы на Себя воспринять наше греху повинное рождение, и нам сделаться уже родом святым, «причастниками Божественнаго естества», как написал блаженный Пётр (2 Петр. 1:4)». (Афанасий Великий. Письмо LX. Адельфию, епископу и исповеднику: против ариан.)

Один из максим христианского богословия гласит: «Бог есть любовь, и пребывающий в любви пребывает в Боге, и Бог в нём» (1 Иоанна 4:16). Поэтому практический путь обожения, уподобления Богу, соединения с Богом лежит именно через любовь. Умение любить и принимать любовь — вот настоящий ключ к спасению!

Любовь, в некотором смысле, примиряет давний спор о спасении верой или делами. Не любая вера спасает, но «вера, действующая любовью» (Галатам 5:6).

С другой стороны, любые благочестивые поступки, аскетические подвиги и даже дела милосердия без любви являются сотериологическим ничто.

« Если я говорю языками человеческими и ангельскими, а любви не имею, то я — медь звенящая или кимвал звучащий. Если имею дар пророчества, и знаю все тайны, и имею всякое познание и всю веру, так что могу и горы переставлять, а не имею любви, — то я ничто. И если я раздам все имение моё и отдам тело моё на сожжение, а любви не имею, нет мне в том никакой пользы. Любовь долго терпит, милосердствует, любовь не завидует, любовь не превозносится, не гордится, не бесчинствует, не ищет своего, не раздражается, не мыслит зла, не радуется неправде, а сорадуется истине; все покрывает, всему верит, всего надеется, все переносит. Любовь никогда не перестаёт, хотя и пророчества прекратятся, и языки умолкнут, и знание упразднится». (1 Коринфянам 13:1-8)

Весь смысл заповедей Ветхого Завета — в любви к Богу и людям: Матфея 22:35-39. Какие бы добродетели вы ни призывали для своего спасения, любовь есть сущность и совокупность всякого нравственного совершенства.

«Более же всего облекитесь в любовь, которая есть совокупность всего воедино». (Колоссянам 3:14).

Греческий текст здесь говорит, что любовь есть στελειός (связь, союз) τελειότητος. Последнее слово означает совершенство, полноту, завершённость. Таким образом, все добродетели ведут к любви и находят в ней своё завершение.

«Потому что какая польза, дети мои, если кто имеет все, а спасающей любви не имеет? Ибо как если бы кто сделал большой обед, чтобы пригласить Царя и правителей, и приготовил бы все пышно, так чтобы ни в чем не было недостатка, а соли не имел, то может ли кто есть этот обед? Конечно, нет. Но он потерял бы все, что издержал, и растратил бы все труды свои, и навлёк бы на себя посмеяние от приглашённых. Так и в настоящем случае. Ибо какая польза в том, чтобы трудиться против ветра без любви? Ибо без неё всякое дело, всякое действие нечисты. Даже если кто достиг полного целомудрия, или постится, или бдит, или молится, или даёт пиры нищим, или думает принести дары, или начатки, или приношения, или строит церкви, или делает что-либо другое, без любви все это будет вменено Богу в ничто. Ибо не благоугодно им Господу». (Ефрем Сирин. О любви)

Школа христианской любви и среда, в которой она развивается, — это человеческие отношения.

«Кто говорит, что он во свете, а ненавидит брата своего, тот ещё во тьме. Кто любит брата своего, тот пребывает во свете, и нет в нём соблазна. А кто ненавидит брата своего, тот находится во тьме, и во тьме ходит, и не знает, куда идёт, потому что тьма ослепила ему глаза. <...> Возлюбленные! если так возлюбил нас Бог, то и мы должны любить друг друга. Бога никто никогда не видел. Если мы любим друг друга, то Бог в нас пребывает и любовь Его совершенна есть в нас. <...> Кто говорит: «я люблю Бога», а брата своего ненавидит, тот лжец: ибо не любящий брата своего, которого видит, как может любить Бога, Которого не видит? И мы имеем от Него такую заповедь, чтобы любящий Бога любил и брата своего». (1 Иоанна 2:9-11; 4:11-12, 20-21).

«Любовь к Богу заключается в любви к ближнему, и тот, кто возделает в себе любовь к ближнему, вместе с ней стяжевает в сердце своём неоцененное духовное сокровище — любовь к Богу». (Игнатий (Брянчанинов), святитель. О спасении и совершенстве.)

Присутствие в жизни человека божественной любви (ее качества апостол Павел описывает в 1 Коринфянам 13:4-8) является признаком того, что «он пребывает в Боге, и Бог в нем» (Иоанна 4:16). Поэтому такой человек не лишён возможности получить блаженную вечную жизнь, спасение.

Говоря об обожении через опыт любви, святые отцы часто вспоминали древний принцип, который также присутствует в Священном Писании (например, Римлянам 6:5; 1 Иоанна 3:2): «Подобное с подобным соединяется и отталкивается от противоположного», или «Подобное познаётся подобным».

В Библии слово «познать» часто относится к физическому союзу людей (например, Бытие 4:1-2) и личному переживанию чего-либо (например, Исаия 53:3, 59:8; Премудрость 3:13; Судьи 3:1). Именно потому, что Бог есть любовь, всякий, кто любит так, как Бог, соединяется с Ним и имеет возможность спастись.

Один из путей к спасительному Богоподобию — пожизненные отношения, которые мы называем супружеской любовью.

«Связанные узами супружества, заменяем мы друг другу и руки, и слух, и ноги. Супружество и малосильного делает вдвое сильным, доставляет великую радость благожелателям и печаль недоброжелателям. Общие заботы супругов облегчают для них скорби; и общие радости для обоих восхитительнее. Для единодушных супругов и богатство делается приятнее, а в скудости само единодушие приятнее богатства. Для них супружеские узы служат ключом целомудрия и пожеланий, печатью необходимой привязанности. Одно жребя любви (Притч. 5:19) согревает дух танцами; у них одно питие из домашнего источника, которого не вкушают посторонние, которое не вытекает никуда и ниоткуда не притекает. Составляя одну плоть, они имеют и одну душу и взаимной любовью одинаково возбуждают друг в друге усердие к благочестию. Ибо супружество не удаляет от Бога, а, напротив, более привязывает, потому что больше имеет побуждений». (Григорий Богослов, святитель. Кармина [лат.: «Песни»].)

«Спасти душу свою — это значит научиться любить. Все, о чем я сказал выше — Царство Божие и стяжание благодати Святого Духа, является тем же самым. Ведь что такое соединение с Богом, обожение? Мы с вами знаем слова апостола Иоанна Богослова: Бог есть любовь, и пребывающий в любви пребывает в Боге (1 Ин. 4:7). То есть обожение — это такое состояние, когда любовь становится господствующей в человеке. В той мере, в какой человек научиться любить, в той мере он пригоден для вечности. <...> И опять же, в Своей молитве Господь говорит Отцу о Своих учениках и повторяет эти слова: Да будут все едино, как Ты Отче во Мне и Я в Тебе (Ин. 17:21). Вот именно в этом спасение — в единении, не во внешнем, а действительно в таком, когда чужая радость становится твоей радостью, чужая боль становится твоей болью. <...> Мы называем семью «малой церковью». Что такое вообще церковь? Церковь — это единение людей, верующих во Христа, в Духе Святом. Люди должны стремиться друг к другу в этом мире и становиться как можно ближе друг к другу. Самой главной трагедией этого мира является трагедия разобщённости. <...> Это преодолевается любовью; любовь — это стремление навстречу друг другу. А какой предел любви? У кого-то из святых есть слова, что предел любви — это когда двое перестают быть двумя и становятся одним целым. <...> Самый яркий пример этого — это святая Троица. <...> И вот, в идеале с людьми должно быть то же самое. Потому что по образу и подобию Божьему создан не только каждый из нас индивидуально, а все человечество. Стремление к тому, чтобы оставаясь самим собой, своей неповторимой личностью, я в то же время стал единым целым с другим человеком — именно это стремление должно быть самым главным в нашей жизни. Именно в семье как ни в чем другом это может осуществиться. Муж и жена могут максимально, насколько только возможно в земных человеческих условиях, достигнуть того состояния, что вот как в Троице — Отец Сын и Святой Дух — трое, но в то же время одно, так и в семье. Муж и жена, с одной стороны, являются каждый самостоятельной личность, но при этом я — это ты, а ты — это я. Все твоё — это моё, все моё — это твоё, и нет ничего в жизни, что уже могло бы быть только твоим или только моим, и мы единое целое». (Игорь Гагарин, священник. Размышления о браке и семье.)

Но возможны ли такие глубокие и самоотверженные отношения любви в однополом союзе? Обратите внимание, что мы пока не спрашиваем, могут ли однополые пары вступать в брак или заниматься сексом. На данном этапе мы спрашиваем, может ли быть между людьми одного пола духовная и психологическая близость, которую мы сочли бы достойной брака, если бы влюблённые были разного пола?

Священное Писание даёт ответ на примере любви пророка и царя Давида и Ионафана. После смерти Ионафана Давид сделал очень сильное заявление над его телом:

«Скорблю о тебе, брат мой Ионафан; ты был очень дорог для меня; любовь твоя была для меня превыше любви женской» (2 Царств 1:26)

Полигамный царь и пророк Давид знал, о чем говорит. Ему было с чем сравнивать. Однако его отношения с Ионафаном были более интимными (духовно и психологически) и более дорогими для него, чем с любой из женщин. Поэтому, независимо от того, имел ли Давид сексуальные отношения со своим возлюбленным или нет, у них были близкие и глубокие отношения, ничем не отличающиеся от гетеросексуальных отношений, считающихся достойными христианского брака. Ни авторы Библии, ни святые комментаторы Священного Писания не осуждают эту однополую любовь между Давидом и Ионафаном.

Традиционалисты подчёркивают, что это только мужская дружба. Очень тесная, но дружба, а не супружеская любовь. Но что такое супружеская любовь, как ни близкая интимная дружба с добавлением сексуального влечения! Рассказывая о любви Давида и Ионафана (1 Царств 18:1; 2 Царств 1:26) священнописатель употребляет ту же лексему (ahab), что и в сообщении о том, что Давида полюбила Мелхола (1 Царств 18:20), которая затем была выдана за него замуж. Эта же лексема употребляется при обсуждении правил наследования потомками от любой и не любимой жены (Второзаконие 21:15-17). Библия не видит психологической разницы между сексуально окрашенной супружеской любовью и любовью-ahab без сексуального влечения.

Здесь мы выходим на границу между гомонегативным и гомопозитивным пониманием Библии. Обе стороны согласны, что однополая любовь-ahab может быть угодна Богу. Однако гомонегативисты убеждены, что Библия осуждает однополое сексуальное влечение. Квир-теологи утверждают, что такого осуждения нет в Писании.

Прежде чем рассмотреть тексты, предлагаемые гомонегативистами, обратим внимание на следующий факт: **если окажется, что Библия не осуждает однополое сексуальное влечение, то однополые отношения супружеской любви сотериологически ничем не хуже гетеросексуальных отношений любви!**

Почему Библия молчит о гомосексуализме

Прежде чем анализировать дежурные цитаты гомонегативистов, имеет смысл сказать, что есть по крайней мере две веские причины, по которым бесполезно искать в Библии упоминания о гомосексуализме (и гомосексуальности).

Во-первых, в истории обществ, связанных с библейской культурой, до XIX века не было социально значимого феномена гомосексуальных любовных отношений между равными партнёрами. В культуре народов, окружавших пророков и апостолов, гомосексуальные действия совершались либо в контексте идолопоклоннических культов, либо в контексте проституции, либо в контексте временных любовных связей между старшими партнёрами и младшими, или между хозяевами и рабами. Такие отношения нравственно нездоровы и греховны независимо от того, являются ли они гетеросексуальными или гомосексуальными.

Во-вторых, вплоть до эпохи немецкого романтизма (то есть до конца XVIII века) женщина и мужчина не рассматривались как лица разного пола в современном представлении. В античном мире господствовала философская модель природы, которую можно назвать моносексуальной моделью Аристотеля-Галена.

«На значительном промежутке времени от античности до конца XVII века западная культурная модель была в сущности однополой. Единственным полноценным полом признавался мужской, а женщина рассматривалась как недоразвитый мужчина. То есть, как пишет Томас Лакер, оба пола являлись в представлении того времени лишь двумя формами одного. Лишь в XVIII веке стало постепенно формироваться представление о том, что мужчины и женщины — это два разных пола». (Марина Бутовская, Антропология пола)

Аристотель один из первых, кто чётко артикулировал эту модель, а Гален приложил немало усилий для её разработки. По их и их последователей мнению женщина — это просто недоразвитый мужчина.

«Мальчик и своим видом похож на женщину, и женщина есть как бы бесплодный мужчина...» (Аристотель. О происхождении животных.)

«С точки зрения своей индивидуальной природы женщина несовершенна и неудачна; в самом деле, активная сила мужского семени направлена на воспроизводство совершенного подобия в мужском роде, и потому, если рождается женщина, то это связано либо с каким-то изъяном в активной силе или в материи, либо даже с влиянием чего-то извне, вроде того влажного южного ветра, о котором упоминает Философ [имеется в виду Аристотель — ред.]». (Фома Аквинский. Сумма теологии, Том III, Вопрос 92: О создании женщины.)

Исходя из такого взгляда на мужчин и женщин считалось, что роль мужчины как в общественной жизни, так и в постели — отдавать, быть активным, руководить, в то время как женщина должна быть принимающей, покорной, пассивной, чтобы соответствовать своей ущербной природе.

> «Мужчина по природе есть объект действия, а женщина — субъект действия. Власть и послушание не только необходимы, но и полезны, и от рождения одни существа склонны к послушанию, другие — к послушанию. Таковы и отношения между мужчиной и женщиной: первый по природе выше, вторая ниже, поэтому первый — господствует, а вторая — подчинена». (Аристотель. Политика.)

> «Душа играет роль художника, а тело — инструмент, потому что тело — объект действия... как материя, например, объект действия — женщина, потому что действие направлено на неё, а действие — прелюбодеяние, блуд или законное сожительство». (Немесий, епископ Эмесский. О природе человека. Ориг.: Περὶ φύσεως ἀνθρώπου)

Для правильного понимания библейских текстов важно углубиться в культурный и исторический контекст. Мы должны помнить, что авторы Библии не делили сексуальные акты на гомосексуальные и гетеросексуальные. Для них все они были гомосексуальными (в переводе на современные понятия). Их волновало только то, чтобы мужчины не унижали полноценность, мужественность пассивным и покорным поведением. С другой стороны, считалось противоестественным и греховным, чтобы неполноценная женская природа была активной и доминировала над мужской.

В Библии или другой литературе околобиблейского времени мы не находим прямого упоминания о пожизненных любовных отношениях между партнёрами равного социального положения, которые сопровождались бы сексуальной близостью. Возможно, были единичные редкие примеры такого сожительства. Однако до XX века они не существовали как социальное явление и не воспринимались как этическая проблема, заслуживающая внимания.

Также не было известно, что люди рождаются с разными сексуальными ориентациями. Первые рассуждения об этом появились в конце XIX века в начале XX века. В культурах библейских считалось, что мужчины и женщины априори бисексуальны (в переводе на язык нашего времени). Например, в апостольский век мужчина мог иметь жену и детей, но при этом развлекаться с подростком-любовником или рабом.

Поэтому, если в библейском тексте упоминаются половые акты между лицами одного пола, мы должны помнить, что авторы не связывают их с гомосексуализмом в смысле сексуальной ориентации. Врождённое (или приобретённое) предпочтение представителей своего пола не влияет на морально-этическую оценку таких действий. Для аутентичного понимания библейских текстов мы должны искать другие критерии, которые могли быть значимы для авторов книг Библии.

«Мужчину и женщину сотворил их» — Бытие 1:27

Scriptura est non in legendo, sed in intelligendo» («Писание не в словах, а в понимании»), — писал учитель церкви IV века святитель Иларий Пиктавийский. А на понимание библейских текстов влияет культура, в которой воспитан читатель, его научные и псевдонаучные убеждения.

Последние 200 лет мы живём в культуре, где идея двух отдельных дополняющих друг друга полов кажется исконной истиной. Поэтому Бытие 1:27 автоматически понимается как констатация бинарной природы человеческой сексуальности.

Однако доживи кто-нибудь из XVII века до нашего времени, он сказал бы, что идея двух независимых полов — это модернистское изобретение эпохи романтизма, разрушающее традиционные патриархальные ценности.

«Мы говорим и верим в неизменное существование только двух полов, но ещё 150–200 лет назад считалось, что существует только один пол — мужской. А женщины объявлялись НЕДОмужчиной, т.е. анатомически несовершенной копией мужского организма, а потому слабыми, с разнообразными отклонениями, поэтому у женщин все представлено не так, «как надо». Артур Шопенгауэр в 1851 г. писал, что женщина — это «род промежуточной ступени между ребёнком и мужчиной, который и есть собственно человек». Но даже после «обнаружения» женского пола он все равно рассматривался всегда как что-то вторичное, подчинённое, зависимое и одновременно антагонистичное по отношению к мужскому». (Дмитрий Исаев. Деконструкция гетеронормативной матрицы.)

Средневековые комментаторы, очарованные диалектикой Платона (с её противоположностями и их синтезами), имели собственные небиблейские мотивы для усмотрения гендерного дуализма в Бытии 1:27.

«Преп. Максим рассуждает об особой миссии, возложенной на человека: так как творение состояло из нескольких последовательных разделений, то жизненная задача человека заключается в том, чтобы преодолеть указанные разделения в соответствующих синтезах. Самое значительное разделение, на котором зиждется вся действительность тварного бытия, — это деление на тварное и нетварное, противопоставление Бога совокупности тварного мира. Следующее по значимости — деление сотворённого мира на небесную и земную, умозрительную и чувственную природы. В чувственной природе небо отделяется от земли. На поверхности земли выделяется Рай; человек, обитающий в Раю, разделяется на два пола: мужской и женский. Призвание Адама, таким образом, состояло в том, чтобы своим сознательным деланием он превзошёл все эти разделения. Через постепенное преодоление указанных противопоставлений Адам должен был привести всё сотворённое к высшей цели бытия — обожению». (Екатерина Хитрук. Онтологический статус пола в христианской антропологии.)

Однако современному читателю придётся либо прийти к выводу, что в Бытии 1:27 Библия противоречит научно установленным фактам, либо по-другому этот отрывок понять.

На профессиональном медицинском сайте Общества скептиков Новой Англии «Научно-обоснованная медицина» говорится:

«Представление о том, что пол не является строго бинарным, даже не является научно спорным. Среди экспертов это данность, неизбежный вывод, вытекающий из фактического понимания биологии пола. Более точно описать биологический пол у людей как бимодальный, но не строго бинарный. Бимодальный означает, что в континууме биологического пола по сути есть два измерения. Для того, чтобы пол был бинарным, должны быть два не перекрывающихся и однозначных полюса этого континуума, но их явно нет. В середине есть все мыслимые типы перекрытия — отсюда бимодальный, но не бинарный... Абсолютно верно, что люди демонстрируют половой диморфизм с типичным мужским и типичным женским набором черт. Не существует третьего пола, или полюса, или сексуального архетипа... Биологический пол имеет только два полюса, с одной осью вариации между ними...» (Dr. Steven Paul Novella. The Science of Biological Sex.)

Молекулярный биолог Лиза Брусман отмечает:

«Науке ясно: пол — это спектр. Однако решение проблемы непонимания пола не ограничивается учёными. Нам также необходимо улучшение образование общества и структурные изменения для принятия и защиты людей и их биологии». (Liza Brusman. Sex isn't binary, and we should stop acting like it is.)

Причина, однако, не только в плохом образовании, но и в личных, иррациональных мотивах принятия псевдонаучных идей. Современные плоскоземельщики учились в школах, где чётко преподавали, что Земля шарообразная...

Показательно, что феномен интерсекса известен в раввинской литературе. Это означает, что средневековые еврейские представления о биологии пола ближе к современной бимодальной модели, чем к бинарной модели, продвигаемой христианскими фундаменталистами. Хотя социальные и религиозные нормы иудаизма распределены между двумя гендерами (как мы бы сказали сейчас) — мужчинами и женщинами, — но различным интерсекс-людям в некоторых случаях рекомендуется следовать мужским гендерным нормам, а в других — женским.

«Двух полов никогда не было достаточно для описания человеческого разнообразия. Ни в библейские времена, ни сейчас. До того, как мы узнали много о биологии, мы создали социальные правила для управления сексуальным разнообразием. Например, древний еврейский раввинский кодекс, известный как Тосефта, иногда рассматривал людей, у которых были мужские и женские части (такие как яички и влагалище), как женщин — они не могли наследовать имущество или служить священниками; в других случаях, как мужчин — запрещая им бриться или уединяться с женщинами». (Dr. Anne Fausto-Sterling. Why Sex Is Not Binary.)

Современный раввин Дэвид Дж. Мейер объясняет:

«На самом деле, и это поразительно, наша еврейская правовая традиция выделяет не менее шести различных «гендеров», безусловно, предполагая в качестве нормативных мужской и женский пол, но включая также обозначения, которые мы теперь называем «интерсексуальными» идентичностями. Используя еврейские термины: андрогинос, тот, кто имеет как мужские, так и женские характеристики, тумтум, тот, чья биология неясна, айлонит, кто идентифицировал себя как женщину при рождении, но в период полового созревания развивает мужские характеристики, и сарис, кто выглядит как мужчина при рождении, но позже приобретает более типичную женскую биологию. Я бы предположил, основываясь на изучении этих юридических текстов, что еврейское понимание гендера не является ни бинарным, ни даже сеткой, в которую каждый человек должен быть вынужден вписаться. Скорее, мы видим гендерное разнообразие как спектр, поистине радугу возможностей для отражения Образа Божьего». (Rabbi David J. Meyer. What the Torah Teaches Us About Gender Fluidity and Transgender Justice.)

Отрывок из Бытия, который мы обсуждаем, может быть очень органично понят именно в духе бимодальности, а не бинарности человеческой сексуальности. Вот что предлагает Центр религиозных действий реформистского иудаизма:

> «Мы понимаем стих «мужчину и женщину сотворил их Бог» как меризм, фигуру речи, в которой целое выражается двумя контрастирующими частями. Этот стих был истолкован как таковой раввином Маргарет Вениг. Например, «старцы и юноши», как предвидит пророк Иоиль: «старцам вашим будут сниться сны, и юноши ваши будут видеть видения» (Иоиль 2:28). То есть: старцы, юноши и все, кто между ними. Аналогично, «дальний и ближний», как в воззвании Исайи: «мир дальнему и ближнему» (Исайа 57:19). И тем, кто между ними. Таким образом, мы узнаем, что Бог сотворил человека как «мужчину и женщину» — и все комбинации между ними». (Там же.)

Такое понимание отрывка согласуется не только с современным естествознанием, но и с внутренним контекстом. Меризм неоднократно встречается в этой главе Бытия.

«В начале сотворил Бог небо и землю» (Бытие 1:1) Протоиерей Александр Мень поясняет («Исагогика. Учение о творении в шестодневе»), что «небо и земля» — «словосочетание, соответствующее шумерскому «анки», что значит Вселенная». В традиционном толковании святителя Василия Великого это также понимается как «две крайности, обозначающие всю вселенную... Конечно, если есть что-то между небом и землёй, то оно создано вместе с этими крайностями» (ориг.: Μέγας Βασιλίος. Ἡ Ἐξαήμερος Δημιουργία).

МОЖЕТ ЛИ ПРАВОСЛАВНЫЙ НЕ БЫТЬ ГОМОФОБОМ?41

«И был вечер, и было утро: день один» (Бытие 1:1). Очевидно, что библейский день включает в себя не только вечер и утро, но и другие части суток. Здесь используется меризм: крайние положения солнца (закат и восход) названы для обозначения всего суточного цикла.

Как мы видим, библейское повествование о сотворении человека может быть органично и связно понято вне бинарной парадигмы. Поэтому фраза «сотворил мужчину и женщину» не доказывает, что человеческая природа разделена на два нормативных пола, границы которых нигде и никогда не пересекаются.

Этот факт разрушает все последующие логические цепочки фундаменталистов, утверждающих, что оба пола дополняют и компенсируют друг друга так, что только в гетеросексуальных отношениях можно обрести полноту человеческого естества и тем самым получить возможность спасения. Согласно этой логике, в гомосексуальных отношениях люди не дополняют друг друга, не могут достичь полноты человеческой природы и, соответственно, спасения. Поэтому, якобы, гомосексуальные отношения греховны и богопротивны.

Однако если отсутствие супружеской связи с противоположным полом ведёт к вечному осуждению, могли ли быть среди апостолов одинокие мужчины? Как же тогда холостой апостол Павел мог превозносить девственность как высший путь духовной жизни и рекомендовать по возможности избирать её?

> «А о чем вы писали ко мне, то хорошо человеку не касаться женщины... Ибо желаю, чтобы все люди были, как и я; но каждый имеет своё дарование от Бога, один так, другой иначе. Безбрачным же и вдовам говорю: хорошо им оставаться, как я». (1 Коринфянам 7:1, 7-8).

Брак Адама и Евы — Бытие 2:23-24

Конец второй главы Бытия описывает брак Адама и Евы как союз одного мужчины и одной женщины. Но фундаменталисты включают в этот раздел то, чего там нет. А именно тезис, что этот брак является единственной допустимой формой брака для всех людей во все времена. Что только брак по образцу супружества Адама и Евы одобряется Богом.

Напротив, последующий библейский рассказ опровергает это. Строго говоря, Ева была близкой биологической родственницей Адама (она была создана из его ребра, что бы это ни значило). Некоторые библейские праведники также вступают в брак с родственниками и, похоже, в этом отношении следуют формуле брака Адама и Евы. Сара была сестрой Авраама по отцу. Исаак женился на своей троюродной сестре (Бытие 24:15; 67), а Иаков женился на своей троюродной сестре (Бытие 29:3; 28). Однако инцест запрещён как грех уже в Законе Моисея (Левит 18:1-30; Второзаконие 27:20, 22-23). Православная Церковь запрещает браки до четвёртой степени кровного родства включительно. Если вы как православный христианин считаете, что кровнородственные браки греховны и недопустимы, то вы не можете указывать на брак Адама и Евы как на пример единственной допустимой формы супружеского союза!

Моногамия также не является простой темой. Будучи женатым на Сарре, Авраам имел сексуальные отношения со своей наложницей Агарью. После смерти Сары он вступил во второй брак с Хеттурой. Иаков был женат на Лии и Рахили одновременно. Помимо этого у него были дети от их служанок: Валлы и Зелфы. У святых царей Давида и Соломона были десятки жён и наложниц.

В Книге Чисел (1:12) Мариам и Аарон упрекали Моисея за то, что он ещё до Сепфоры женился на чужестранке, эфиоплянке.

«У эфиопского царя была дочь Фарбис. Видя, как близко Моисей подводит войско своё к стенам города и как он храбро сражается, и удивляясь его необычайно умелым распоряжениям, поняв, что, благодаря ему, египтяне, потерявшие было свою свободу, теперь снова её себе вернули и пользуются таким успехом, тогда как столь гордившиеся своими удачами эфиопы стеснены и подвергаются крайней опасности, она воспылала безумной страстью к Моисею. Так как это чувство все более и более овладевало ею, она решилась послать к Моисею самых верных слуг своих для переговоров о браке. Когда он поставил условием для этого сдачу города и дал клятвенное обещание, что он, женившись на царевне и заняв город, не нарушит договоров, то тотчас же было приступлено к делу. Возблагодарив после покорения эфиопов Господа Бога, Моисей вступил в брак и повёл египетское войско обратно на родину». (Иосиф Флавий. Иудейские древности, Книга II.)

В этом библейском сюжете Бог наказывает проказой не Моисея, а Мариам.

Правила наследования во Второзаконии уравнивают права детей любимой и нелюбимой жены. Обе супруги при этом именуются жёнами. Это показывает, что в Законе Моисея за обеими женщинами признаётся статус именно жены. То есть двойное супружество признаётся законным.

«Если у кого будут две жены — одна любимая, а другая нелюбимая, и как любимая, так и нелюбимая родят ему сыновей, и первенцем будет сын нелюбимой,- то, при разделе сыновьям своим имения своего, он не может сыну жены любимой дать первенство пред первородным сыном нелюбимой; но первенцем должен признать сына нелюбимой и дать ему двойную часть из всего, что у него найдётся, ибо он есть начаток силы его, ему принадлежит право первородства» (Второзаконие 21:15-17).

Быть может это покажется неожиданным, но в Библии нет прямого запрета на многоженство. Хотя в Новом Завете есть фразы, которые делают моногамию предпочтительной по крайне мере для тех лиц, репутация которых в глазах моногамного общества Римской Империи могла особенно больно сказаться на отношении к христианским общинам.

«Но епископ должен быть непорочен, одной жены муж <...> Диакон должен быть муж одной жены, хорошо управляющий детьми и домом своим». (1 Тимофею 3:2, 12).

«Для того я оставил тебя в Крите, чтобы ты довершил недоконченное и поставил по всем городам пресвитеров, как я тебе приказывал: если кто непорочен, муж одной жены, детей имеет верных, не укоряемых в распутстве или непокорности...» (Титу 1:5-6)

Некоторые исследователи (Ф. Эрнст Савиньи, Карл К. Циммерман, Джордж Р. Комптон, Олег Русов, Ричард Хоффман и др.) полагают, что Церковь решительно выступила против многоженства из-за давления римского права, а не по внутренней богословской логике. Хотя и не сразу.

«Ни один церковный собор в первые века христианства не выступал против полигамии, и никаких ограничений для традиционной полигамной практики ирландских правителей и королей династии Меровингов не существовало. Папа Григорий II в своей декреталии от 726 года даже написал, что «если жена больна и не может выполнять свои супружеские обязанности, то муж может взять за себя вторую жену, при условии если он продолжает заботиться о первой». Иосиф Флавий в своих трудах неоднократно упоминает о полигамной практике среди иудеев... Вышедший в 212 году н.э. кодекс Lex Antoniana de civiate хотя и утверждает моногамию как единственно приемлемую форму брака для римского гражданина, все же разрешает полигамию римским гражданам, являющимся по национальности иудеями. Эта терпимость была поставлена под вопрос в 285 году императором Диоклетианом, а в 393 году императору Феодосию пришлось издавать новый указ, запрещающий полигамию среди иудеев. Однако, по крайней мере до одиннадцатого столетия, полигамия являлась обычной практикой во многих еврейских общинах... Надо отдать церкви должное, в некоторых случаях её практика в отношении полигамии могла быть более или менее гибкой. Так, папа Григорий II в своём письме к одному из самых великих миссионеров северной Европы Бонифацию, пишет: <...> Из этого отрывка можно сделать вывод, что ограниченная полигамная модель все же имела право на существование в ситуации с христианизацией германских племён. Кроме того, вопрос о полигамии регулярно поднимался в трудах выдающихся церковных деятелей и богословов. Следуя традиции, заложенной Августином, многие не рассматривали полигамию как практику греховную саму по себе, но видели её неприемлемой в свете общественных и церковных традиций». (Олег Русов. Полигамия — история и практика.)

«Неоспоримым историческим свидетельством является то, что и христианская церковь, и христианское государство в разные века и при разных обстоятельствах оказывали влияние в пользу полигамии. Римский император Валентиниан I в четвёртом веке разрешил христианам брать двух жён; в восьмом веке император Карл Великий, имевший власть как над церковью, так и над государством, лично практиковал полигамию, имея шесть или, по мнению некоторых авторитетов, девять жён. С Реформацией эта система вошла в протестантизм. Как первый синод в Северной Америке был созван с целью суда над женщиной за ересь, так и первый синод Реформации был собран с целью поддержания полигамии, тем самым ещё больше унижая женщину в супружеских отношениях. Великий немецкий реформатор Лютер, хотя, возможно, сам был свободен от похотливости старого свящества, не был строго моногамным в принципе. Когда Филипп, ландграф Гессен-Кассельский, обратился к нему с просьбой разрешить ему жениться второй раз, когда его первая жена, Маргарита Савойская, была ещё жива, он созвал синод из шести главных реформаторов — среди них Меланхтон и Буцер — которые на совместном совещании решили, «что поскольку Библия нигде не осуждает многоженство и поскольку оно неизменно практиковалось высшими сановниками церкви», такой брак является законным, и требуемое разрешение было дано. Сам Лютер с Ветхим и Новым заветами в руках сказал: «Я признаю со своей стороны, что если мужчина хочет жениться на двух или более жёнах, я не могу запретить ему, и его поведение не противоречит Священному Писанию». (Matilda Joslyn Gage. Woman, Church and state, Chapter VII. Polygamy.)

Среди других исторически изменчивых обстоятельств брака Адама и Евы мы видим, что он не был удостоверен уполномоченными представителями от Церкви или от государства (общества). Согласно современным церковным и светским правовым критериям их союз является не законным браком, а сожительством.

Таким образом, в примере союза Адама и Евы слишком много черт, которые не присутствовали и не исполнялись в браках, о которых пишет Библия далее, и есть черты, которые признаются неприемлемыми современными христианскими церквями. Поэтому гетеросексуальность союза прародителей является настолько же неотъемлемой чертой всех последующих браков, как и кровосмешение, моногамия или отсутствие регистрации уполномоченными представителями Церкви или государства.

МОЖЕТ ЛИ ПРАВОСЛАВНЫЙ НЕ БЫТЬ ГОМОФОБОМ?49

Единственное, против чего могут возразить фундаменталисты, так это то, что гетеросексуальный брак, по крайней мере, благосклонно упоминается в Библии, а гомосексуальный — нет. Поэтому мы точно знаем, что первый угоден Богу. Но мы не можем сказать того же о втором.

Ответ должен быть таким: Библия хотя не упоминает (ввиду отсутствия такого социального института в древности), но и не осуждает однополые браки. Поэтому мы не можем сделать вывод из Библии, что Бог не благословляет такие союзы сегодня.

Однажды, отвечая на аргумент о том, что на протяжении всей истории Церкви брак всегда был союзом мужчины и женщины, оппонент остроумно заметил, что на протяжении многих веков человеческой истории и выборы были тем, что приходило только между мужчинами и государством, без участия женщин. Вопрос в том, имеют ли христиане право проявлять творчество в своей жизни и вводить обычаи и традиции, которые прямо не предписаны Библией? Какой из двух возможных принципов провозглашает сама Библия: «что не разрешено, то запрещено» или «что не запрещено, то разрешено»? Новый Завет свидетельствует о принципе свободы: христианам разрешено делать все, кроме того, что вредит духовному здоровью, кроме греха.

«Все мне позволительно, но не все полезно; все мне позволительно, но ничто не должно обладать мною». (1 Коринфянам 6:12)

«Все мне позволительно, но не все полезно; все мне позволительно, но не все назидает!» (1 Коринфянам 10:23)

Этот принцип работал даже в Ветхом Завете. В девятой главе книги Эсфирь рассказывается, как евреи установили празднование Пурима без Божьего предписания. Библия нигде не осуждает такую инициативу. Книга Эсфирь является одной из канонических книг Библии. И евреи празднуют Пурим по сей день.

Таким образом, если мы не находим в однополых равноправных отношениях любви ничего опасного для духовного здоровья (то есть понимаем, что они не отнимают способности любить преданно и жертвенно — поскольку именно способность любить и есть показатель духовного здоровья и ключ ко спасению), то мы имеем полное право пересмотреть то, что называем социальным институтом брака с учётом новых потребностей и реалий, вытекающих из нового культурно-исторического контекста и новых научных знаний.

Грех Содома — Бытие, гл. 19

Бытие 19 гл. рассказывается, как Бог наказал жителей Содома (и окрестных городов) за их необузданную нечестивость. Из-за различных исторических недоразумений, которые сейчас нет смысла обсуждать, фундаменталисты убеждены, что жители Содома были наказаны за гомосексуальность. На церковном жаргоне гомосексуальность часто называют содомским грехом, содомией.

Удивительно, но в Священном Писании, где говорится о разрушении Содома, нет ни единого слова о гомосексуализме или гомосексуальных практиках.

В библейском рассказе есть эпизод, когда жители Содома хотят изнасиловать гостей Лота (ангелов в виде юношей). Но, во-первых, в этом преступлении, как говорит Септуагинта (19:4), участвовал ἅπας ὁ λαός — весь народ. Это значит, что среди участников были и женщины. Следовательно, нападение носило не гомосексуальный, а бисексуальный характер. Во-вторых, сексуальное нападение на гостя является тяжким грехом и преступлением, вне зависимости от того, гомосексуальное или гетеросексуальное оно.

Нигде в Библии не говорится, что Бог осудил жителей Содома из-за их гомосексуализма. Пророки, объясняя, в чем виновны содомляне, перечисляют совершенно другие грехи:

«Вот в чем было беззаконие Содомы, сестры твоей и дочерей ее: в гордости, пресыщении и праздности, и она руки бедного и нищего не поддерживала. И возгордились они, и делали мерзости пред лицом Моим, и, увидев это, Я отверг их». (Иезекиль 16:49-50)

«Слушайте слово сие, телицы Васанские, которые на горе Самарийской, вы, притесняющие бедных, угнетающие нищих, говорящие господам своим: «подавай, и мы будем пить!» <...> Производил Я среди вас разрушения, как разрушил Бог Содом и Гоморру, и вы были выхвачены, как головня из огня, — и при всем том вы не обратились ко Мне, говорит Господь». (Амос 4:1,11)

Моисей предсказал бедствия, подобные разрушению Содома и Гоморры. Однако он указал, что ключевой причиной наказания явилась не гомосексуальность, а духовный блуд — идолопоклонство (Второзаконие 29:22-26).

В Новом Завете Иисус упоминает Содом и Гоморру, когда говорит о не гостеприимстве. Он сравнивает эти города с теми, которые отказали в гостеприимстве Его апостолам:

«И если кто не примет вас и не будет слушать вас, то, выходя оттуда, отрясите прах от ног ваших, во свидетельство на них. Истинно говорю вам: отраднее будет Содому и Гоморре в день суда, нежели тому городу». (От Марка 6:11)

В еврейской традиции Содом и Гоморра также ассоциировались с высокомерием, жадностью, неуважением к бедным и ксенофобией. Еврейский историк 1-го века Иосиф Флавий пишет:

«Возгордясь своим богатством и обилием имущества, содомитяне в это время стали относиться к людям свысока, а к Предвечному — нечестиво, видимо совершенно забыв о полученных от Него благодеяниях; равным образом они перестали быть гостеприимными и начали бесцеремонно обходиться со всеми людьми. Разгневавшись за это, Господь Бог порешил наказать их за такую дерзость, разрушив их город и настолько опустошив их страну, чтобы из неё уже более не произрастало ни растения, ни плода». (Иосиф Флавий. Иудейские древности, Книга I.)

Иногда фундаменталисты доходят до прямой фальсификации и говорят, что Иосиф Флавий считал гомосексуальность грехом содомитян. В поддержку этого утверждения цитируется следующий отрывок:

«Содомитяне, увидев, что к Лоту зашли чрезвычайной красоты юноши, тотчас попытались совершить над ними гнусное насилие». (Там же).

Очевидно, что автор делает акцент на гостеприимстве Лота и Авраама, которое он противопоставляет поведению содомитян. В тексте нет никаких указаний на то, что Иосиф Флавий осуждал гомосексуальный интерес к юношам. Автор описывает негативным эпитетом их желание изнасиловать гостей. Разве сексуальное насилие не является грехом, если оно носит гетеросексуальный характер!?

Вавилонский Талмуд поддерживает эту точку зрения:

«Наши раввины учили: Жители Содома возгордились только от того, что Святой, благословен Он, осыпал их благами. Что написано о них? — ...Они сказали: «Раз из земли нашей выходит хлеб, а в нём золотая пыль, то зачем нам терпеть странников, которые приходят к нам только для того, чтобы опустошить наше богатство. Давайте же отменим странствование в нашей земле, как написано: «Потоп изгоняет жителей, — они забыты ногами; они иссохли, они удалились от меня (Иов 28:4)». (Babylonian Talmud: Tractate Sanhedrin. Folio 109a.)

Логика библейского рассказа также противопоставляет ксенофобию содомлян гостеприимству Авраама и Лота.

Из намёка апостола Павла мы видим, что для него сюжет из Бытия 19 гл. — это прежде всего поучительная история о гостеприимстве.

«Страннолюбия не забывайте; ибо чрез него некоторые, не зная, оказали гостеприимство Ангелам». (К Евреям 13:2).

Однако гомонегативисты не унывают и пробуют доказать, что грехом жителей Содома была гомосексуальность, цитируя Послание Иуды:

«Как Содом и Гоморра и окрестные города, подобно им блудодействовавшие и ходившие за иною плотию, подвергшись казни огня вечного, поставлены в пример». (Иуды 1:7).

Сторонники гомофобной интерпретации этого отрывка утверждают, что выражение «ходить за иной плотью» является эвфемизмом гомосексуализма. Логично спросить: «Почему?» Никаких позитивных аргументов в поддержку такого понимания нет. Есть только встречный вопрос: «А что, если не гомосексуальность, это может означать?»

На самом деле, библеисты расходятся во мнениях о том, как именно понимать этот отрывок. Кажется, что это выражение — некая устойчивая фигура речи. Однако в других литературных источниках того времени мы его не найдём.

Ясно одно. Греческое выражение 'σαρκὸς ἑτέρας' [sarkos hetheras] не подходит для выражения однополого сексуального влечения. 'Hetheras' здесь означает иной, другой, не такой. Это же слово является частью греческого термина **гетеро**сексуальность. Суть **гомо**сексуальности противоположна: искать не иную, а такую же плоть. В самом слове *гомосексуальность* используется другое греческое слово, которое является антонимом ἕτερος: ὁμός [homos] — равный, подобный, одинаковый.

Фундаменталисты объясняют, что «иная плоть» означает «не это тело»: не то тело, которое предназначено для этого человека. Однако такое понимание применимо и ко греху измены жене и даже ко греху скотоложества. Таким образом, единственная причина, по которой гомонегативисты видят во фразе «хождение за иной плотью» описание гомосексуальности заключается в том, что они жаждут, чтобы это было именно так.

Честные гомонегативисты, впрочем, давно признали, что история Содома не подходит для осуждения гомосексуализма. Вот что пишет известный современный библеист Ричард Б. Хейз в работе, названной христианским интернет-журналом Christianity Today одной из 100 важнейших религиозных книг ХХ века:

«Известная история Содома и Гоморры — часто цитируемая в связи с гомосексуализмом — на самом деле не имеет отношения к теме. «Содомиты» ломятся в дверь Лота, очевидно, с намерением изнасиловать двух посетителей Лота — которые, как мы, читатели, знаем, на самом деле ангелы... Сценарий группового изнасилования иллюстрирует порочность города, но в отрывке нет ничего, что имело бы отношение к суждению о морали добровольного гомосексуального сношения. Действительно, нет ничего в остальной части библейской традиции, за исключением неясной ссылки в Иуды 7, что предполагало бы, что грех Содома был конкретно отождествлён с сексуальным проступком любого рода». (Richard B. Hays. Moral Vision of the New Testament.)

Несмотря на то, что сам автор считает гомосексуальность грехом, относительно Послания Иуды он добавляет:

«Согласно Иуды 7, «Содом и Гоморра и окрестные города, подобно им блудодействовавшие и ходившие за иною плотию, подвергшись казни огня вечного, поставлены в пример». Фраза «ходили за иной плотью» (apelthousai opis sarkos heteras) относится к их стремлению к нечеловеческой (т. е. ангельской!) «плоти». Выражение sarkos heteras означает «плоть иного рода»; таким образом, невозможно истолковать этот отрывок как осуждение гомосексуального желания, которое влечёт за собой именно стремление к плоти того же рода». (Там же.)

«Не ложись с мужчиною, как с женщиною» — Левит 18:22; 20:13

«Не ложись с мужчиною, как с женщиною: это мерзость» (Левит 18:22).

«Если кто ляжет с мужчиною, как с женщиною, то оба они сделали мерзость: да будут преданы смерти, кровь их на них...» (Левит 20:13)

Во многих работах квир теологи демонстрируют, что культурный и исторический контекст этих стихов указывает на гомосексуальные акты, которые использовались хананеями в идолопоклоннических оргиях. Другими словами, в этих строках автор не имеет дело со случаями, когда гомосексуальные партнёры любят друг друга и строят крепкие, длительные отношения.

Я покажу дополнительные причины, по которым очень трудно увидеть осуждение гомосексуализма в книге Левит.

Первая заключается в том, что в древней культуре женщины считались неполноценными. И из-за этого от обоих полов ожидается определённое поведение в обществе и в постели. Мы уже говорили об этом в главе: «Почему Библия молчит о гомосексуализме». Если читать текст в свете этой особенности древнего менталитета, то становится ясно, что «не ложись с мужчиной, как с женщиной» означает лишь то, что во время гомосексуального акта мужчина не должен позволять себе и своему партнёру играть «женскую» пассивную роль. Такое понимание является одним из вариантов толкования в раввинистической традиции.

> «И Шмуэль считает: написано: «И не ложись с мужчиной, как с женщиной», указывая на то, что галаха мужчины, который участвует в половом акте пассивно, подобна галахе женщины». (Babylonian Talmud: Tractate Sanhedrin.)

Стивен Дж. Паттерсон, профессор религиозных и этических исследований в Уилламеттском университете, предлагает три варианта, суммирующих то, что на Древнем Востоке могло значить «лежать с мужчиной, как с женщиной»:

> «Что значило «мужчина ложиться с мужчиной, как с женщиной» на Древнем Ближнем Востоке? Секс между мужчинами одного пола на Древнем Ближнем Востоке — насколько это обсуждается в древних текстах — имел три возможных значения: господство, отдых и религиозное поклонение... Какое же значение тогда имели половые акты, упомянутые в Левите? Теоретически это могло быть любое из трех: господство, отдых или религиозное поклонение». (Stephen Patterson. When a Man Lies with a Man as with a Woman.)

Я думаю, само собой разумеется, что для правоверных евреев неприемлемо демонстрировать своё превосходство, унижая подчинённых или пленников сексуальным насилием. Также немыслимо, чтобы поклоняющийся единому Богу человек участвовал в идолопоклоннических оргиях.

Паттерсон отмечает, что секс между мужчинами ради развлечения был похож на секс с целью демонстрации превосходства:

«Древний ближневосточный рекреационный секс между мужчинами был похож на это. Это то, что можно было сделать с рабом или личным слугой при отсутствии женского общества. Это также осуждалось в некоторых культурах, которые считали это эксплуататорским и унизительным для мужчины или мальчика, который был вынужден играть роль «женщины» в такой сексуальной активности (обратите внимание на присущий ему сексизм). Лежать с мужчиной «как с женщиной» в значительной степени отражает суть. Мужчины должны были быть мужчинами, а не женщинами. Мужчины подают; они не ловят». (Там же.)

Исследователь обращает внимание на важную особенность:

«Ни одно из этих значений не зависело от гомосексуальности участников. На самом деле, все было совсем наоборот. Все зависело от предположения, что инициатор акта действовал в очень гетеросексуальной роли мужчины. Мужчина мог доминировать над другим мужчиной, занимаясь с ним сексом, тем самым заставляя его занять подчинённую роль женщины. Вот почему разрешено насиловать врагов в конце битвы, но не заниматься сексом с рабом. В первом случае жестокая агрессия является частью того, на что подписывается солдат. Во втором случае вы просто эксплуатируете. В случае ритуального секса культопоклонник рассматривается как исполняющий гетеросексуальную мужскую роль, закладывая своё семя в другого, в данном случае мужчину, переосмысленного как полуженщина. Так был ли действительно однополый секс на Древнем Ближнем Востоке? Вероятно. Но это никогда не обсуждается в сохранившейся литературе». (Там же.)

Итак, что бы ни имели в виду авторы книги Левит, они определённо не писали о гомосексуальной любви в современном смысле. Учёный признает, что современная библейская наука предоставляет разные версии того, что конкретно запрещают эти отрывки. Но уже более десятка лет тому библеисты установили, что этот отрывок точно не мог означать.

«Но мы можем очень ясно сказать, что это не означает. Это не значит, что нельзя влюбляться в другого мужчину и иметь с ним интимные сексуальные отношения. Секс между мужчинами просто не имел такого значения на Древнем Ближнем Востоке... Секс между мужчинами на Древнем Ближнем Востоке не означает «Я люблю тебя». Это означает «Я владею тобой». Сегодня, конечно, все по-другому. Секс между мужчинами может означать «Я люблю тебя». По этому поводу Левит не даёт никаких комментариев». (Там же.)

Вторая причина, которая не позволяет рассматривать эти табу как запрещающие гомосексуальные отношения, — это еврейская традиция перевода и понимания этих стихов. Давайте дадим слово библеисту Дмитрию Щедровицкому:

«В оригинале сказано: [текст на иврите] ‹вэ-эт-захар ло тишкав мишкэвей иша›. Это можно перевести двояко: «И не ложись с мужчиной, который с ложами женскими...», или: «И с мужчиной не ложись при ложах женских...»

Согласно одним интерпретаторам, здесь говорится о мужчине — «захар», обладающем от природы двумя «ложами», подобно женщине ‹иша› (поскольку в словосочетании ‹мишкэвей иша›, «ложа женщины», употреблено множественное число). Следовательно, речь идёт о гермафродите (то есть о человеке, имеющем одновременно мужские и женские половые признаки). В ряде языческих религий, в том числе ханаанейской, гермафродиты считались избранниками богов, им отводилась особая роль в культе, нередко они становились жрецами.

Поскольку же гермафродит, приняв на себя женскую роль и зачав, в большинстве случаев не способен выносить и родить ребёнка, заповедь предписывает ему играть в браке мужскую роль. Поэтому гермафродит и именуется в приведённом стихе ‹захар› — «мужчина».

Согласно другим интерпретаторам, в этом стихе Тора запрещает одновременное (групповое) или поочерёдное соитие двух мужчин с одной женщиной, могущее привести к зачатию ребёнка. Именно такие зачатия (происходившие во время ритуальных оргий) были широко распространены у ханаанеев и даже считались у них особо благоприятными: дети, рождавшиеся от таких соитий, считались «детьми богов» и часто становились жрецами, правителями и т. п. Согласно же Торе, в случаях, когда бывает невозможно установить, кто отец ребёнка, или же ребёнок зачат в беззаконном соитии, он рассматривается как незаконнорожденный (др.-евр. ‹мамзе́р›, в Синодальном переводе — «сын блудницы»): «Сын блудницы не может войти в общество Господне, и десятое поколение его не может войти в общество Господне» (Второзаконие 23:2)...

Таким образом, Писание не содержит каких-либо общих запретительных или разрешительных установлений относительно гомосексуальных отношений — всякие предписания на сей счёт восходят к каким-то иным, обычно конфессиональным или социокультурным, но не библейским представлениям» (Дмитрий Щедровицкий. Введение в Ветхий Завет.)

Известный раввин XII века Авраам ибн Эзра, толкуя Левит 18:22, выражает первую традицию:

«...Сказал рав Хананэль, память его благословенна, что существует некто, заново создающий в теле своём подобие плоти женской, чего не было у него при рождении; а некоторые говорят, что здесь имеется в виду андрогин; и все эти определения связаны с тем, что выражение «мишкевей иша» («ложа женщины») здесь стоит во множественном числе, то есть говорится об одном человеке-мужчине с двумя «ложами».

Коллегия еврейских теологов, подготовившая греческий перевод Септуагинты, увидела здесь запрет группового секса. Щедровицкий объясняет это в своём ответе одному из критиков.

«Стих Лев. 18, 22 в Септуагинте звучит так: «Кай мэта́ а́рсэнос у коймэтэсэ коитэн гюнаикос» — «И вместе с мужчиной не укладывайся на ложе женское». Греческое «мэта́» при родительном падеже означает именно «вместе», «сообща». А «гюнаикос» — вне сомнения, «женский», никак не «мужской». Итак, переводчики Септуагинты из двух вариантов понимания выбрали тот, который указывает на близость с женщиной сразу двух мужчин и более».

Дополнительный нюанс заключается в том, какое еврейское слово, которое переведено как «мерзость»: «toebah» или «to'eva». Это слово имеет очень тонкий подтекст, который нелегко определить, потому что иногда оно относится к идолопоклонническим традициям, иногда к требованиям ритуальной нечистоты, а иногда к тому, что нам кажется естественными моральными нормами, поскольку мы были воспитаны в обществе, где это является нормой. Хотя соседям древнего Израиля это так не казалось.

Джей Майклсон, доктор философии из Йельского университета и доктор еврейской мысли из Еврейского университета в Иерусалиме, проанализировал использование слова toeva в Торе, чтобы определить его истинное значение. Он пришел к такому выводу:

«Слово «мерзость» встречается, конечно, в переводе короля Иакова Левита 18:22... Однако это совершенно вводящая в заблуждение интерпретация слова toevah... Однако внимательное прочтение термина toevah предполагает совершенно иное значение: что-то разрешённое одной группе и запрещённое другой. Хотя (вероятно) нет этимологической связи, toevah означает табу». (Dr. Jay Michaelson. Does the bible really call homosexuality an "abomination"?)

Исследователь обращает внимание:

«Toevah используется четыре раза в Левите 18 — один раз для обозначения мужских гомосексуальных актов, а затем три раза как обобщающий термин. Как и во Второзаконии, отличительной чертой toevot является то, что их делают другие народы Земли Израиля: «Итак, соблюдайте постановления Мои и законы Мои, и не совершайте этих toevot... потому что народ, который был на земле прежде вас, делал эти toevot и делал землю нечистой (tameh)» (Лев. 18:26-27; см. также Лев. 18:29)». (Там же.)

Аналогичный вывод относительно использования этого термина в исторических книгах Ветхого Завета:

«Во всех этих случаях toevah относится к иностранному культовому поведению, которое неправедно практиковалось израильтянами и израильскими царями» (Там же).

В пророческом корпусе тоева ассоциируется с идолопоклонством:

«В одном обширном отрывке (Иез. 8:1-18) Иезекиилю предлагается видение toevot, каждое из которых связано с идолопоклонством... Этот обширный отрывок, в котором слово toevah упоминается шесть раз, связывает этот термин в каждом случае с avodah zara, или идолопоклонством.

В пяти случаях Иезекииль упоминает toevah вместе с идолопоклонством и zimah или znut, «блудом» (Иез. 16:22, 16:36, 16:58, 23:26, 43:8), убедительно свидетельствуя о том, что природа сексуальной toevah — это не просто разврат, и уж точно не любовное выражение интимных чувств, а сексуальность в культовом контексте». (Там же)

Однако твёрдые доказательства того, что toeva не является чем-то плохим изначально, онтологически, можно найти в книге Бытия.

«В Бытии 43:32 говорится, что еда с израильтянами — это toevah для египтян. В Бытии 43:34 говорится, что пастухи — это toevah для египтян, сыны Израиля сами являются пастухами. В Исходе 8:22 Моисей описывает жертвоприношения израильтян как toevah mitzrayim (toevah Египта), хотя очевидно, что израильский ритуал не является объективной «мерзостью». Если toevah означает мерзость, то еда с пастухами, еда с израильтянами и сами жертвоприношения израильтян должны быть мерзкими! Поскольку это явно не так, toevah не может означать «мерзость» в каком-либо онтологическом смысле — это должно быть относительное качество». (Там же.)

Автор настаивает:

«Теперь, если под «мерзостью» перевод короля Якова подразумевает культурный запрет — то, что ненавидит одна культура, но нравится другой, — тогда этот термин имеет смысл. Но в обиходе этот термин стал означать гораздо больше. Сегодня он подразумевает что-то ужасное, что-то противоречащее порядку самой природы, или Божьему замыслу, или институту семьи, или чему-то ещё... На самом деле, toevah в основном касается идолопоклонства, и мужское гомосексуальное поведение так же отвратительно, как повторный брак или несоблюдение кашрута. Всякий раз, когда мы используем слово «мерзость», мы увековечиваем неправильное понимание библейского текста и религиозное преследование ЛГБТ-людей... Лично мне нравится «табу» в качестве замены. Оно передаёт культурно относительную природу toevah, имеет некоторую коннотацию чужеродности и справедливо увязывает табу против гомосексуализма с табу, например, против употребления некошерной пищи. (В нём также есть смутное архаичное ощущение, которое и должно быть... В качестве альтернативы мы могли бы придерживаться еврейского термина, чужеродность которого усиливает чужеродность библейских опасений по поводу гомосексуализма.) Однако одно остаётся ясным: что действительно мерзко здесь, так это само слово «мерзость» (Там же).

МОЖЕТ ЛИ ПРАВОСЛАВНЫЙ НЕ БЫТЬ ГОМОФОБОМ?67

Это предположение также подтверждается тем фактом, что обсуждаемая нами тоева находится в той части книги Левит, которая называется «Кодекс святости». Этот кодекс конкретно касается правил, по которым народ Божий должен отличаться от идолопоклоннических народов.

> «По делам земли Египетской, в которой вы жили, не поступайте, и по делам земли Ханаанской, в которую Я веду вас не поступайте, и по установлениям их не ходите». (Левит 18:3)

> «Не поступайте по обычаям народа, который Я прогоняю от вас... Я Господь, Бог ваш, Который отделил вас от всех народов». (Левит 20:23-24).

Между тем, многие положения «Кодекса святости» не актуальны для христиан.

> «Но Петр сказал: нет, Господи, я никогда не ел ничего скверного или нечистого. Тогда в другой раз был глас к нему: что Бог очистил, того ты не почитай нечистым». (Деяния 10:14-15)

Поэтому нужны дополнительные аргументы, чтобы настаивать на том, что определённые табу «Кодекса святости» все ещё действуют. Другими словами, рассматриваемый запрет, по-видимому, распространяется на идолопоклоннические оргии. Однако христиане-геи не намерены использовать свою сексуальность для поклонения идолам. Поэтому нет никаких оснований использовать эти отрывки против них.

Преподобный Роджер Фарнворт, англиканский библеист, изучивший филологические особенности Левит 18:22 и 20:13 и их переводов, приходит к следующему выводу:

«В оригинальном иврите есть неясность, которая затем усугубляется выбором, сделанным переводчиками. Конечный эффект этих двух факторов заключается в том, что два текста, которые сложны в своей первоначальной форме, были переведены упрощённо на английский язык, а затем были дополнены другими таким образом, который, вероятно, не соответствует оригинальному ивриту». (Roger Farnworth. Leviticus 18:22 and Leviticus 20:13.)

Констатируем, что русские переводы грешат тем же.

Все это неизбежно подводит к выводу, что стихи Левит 18:22 и 20:13 вовсе не столь ясны, как они нам показались поначалу. Существует множество причин, по которым они не применимы к современным гомосексуальным любовным отношениям. Они не подходят для доказательства библейской гомонегативности.

Арсенокоиты и малакии — 1 Коринфянам 6:9; 1 Тимофею 1:10

Термин «гомосексуал» впервые появился в 1869 году в письме на немецком языке австро-венгерского публициста и политика Карла Марии Кертбени. В английском языке это слово стало употребляться только в девяностых годах XIX века. Примерно в это же время появились первые признаки того, что гомосексуальность начинает осознаваться как отдельная сексуальная ориентация, характерная для определённого слоя общества. Таким образом понятие о сексуальных ориентациях также является продуктом нового времени.

Поэтому авторы некоторых современных переводов Библии, включив в древний текст современный концепт, приняли весьма смелое решение. Впервые слово «гомосексуал» появилось в английском переводе Библии 1946 года. Но сегодня его не стесняются многие переводчики на разные языки, даже на русский:

«Разве не знаете, что нечестивые не имеют доли в Царстве Божьем? Не обманывайте себя: ни развратники, ни идолопоклонники, ни распутники, ни гомосексуалисты (ложись они снизу или сверху)... не имеют доли в Царстве Божьем» (1 Коринфянам 6:9-10; Перевод Десницкого)

«Разве вы не знаете, что неправедные не наследуют Царства Божьего? Смотрите, чтобы вам не обмануться. Никакие развратники, никакие идолопоклонники, нарушители супружеской верности, пассивные и активные гомосексуалисты-мужчины... Царства Божьего не наследуют». (1 Коринфянам 6:9-10; Новый Русский Перевод)

В приведённых примерах авторы увидели активных и пассивных гомосексуалов в греческих словах: ἀρσενοκοίτης [арсенокоиты] и μαλακός [малакос].

Мне удалось связаться с Андреем Десницким, чтобы узнать его и его единомышленников научную мотивацию для выбора очевидного анахронизма. Вот что он ответил:

«А аргументы тех, кто так предлагает переводить, довольно простые. Слово ἀρσενοκοῖται в древнегреческом означает активных гомосексуалистов. Слово μαλακοί может иметь довольно много разных значений, среди них — пассивные гомосексуалисты. Поскольку эти слова стоят рядом, достаточно высока вероятность, что контекстуальное значение здесь именно такое (но, в самом деле, это неточно)».

В простонародье такое поведение профессора называется «включить дурочка». То есть я его спрашиваю по сути откуда именно известно, что ἀρσενοκοῖται и μαλακοί в древнегреческом означают гомосексуалов, а он мне отвечает: известно из того, что именно это они и означают. Вопрос закрыт, расходимся!

Извините, я оказался более упрямым и задал уточняющий вопрос. Вот что ответил уважаемый лингвист по существу:

«С ἀρσενοκοῖται всё как раз довольно просто: прозрачная этимология слова (хотя, конечно, этимология иногда подводит) и его употребление. Словари дают всего одно значение, и именно это. То, что потом кто-то в Средние века употребил его в каком-то ином значении, не отменяет античного употребления».

Действительно, один из методов, который до сих пор используется некоторыми авторами, — это угадывание значения по этимологии. Отправной точкой в этом случае является тот факт, что неологизм апостола Павла «aresenokoites» состоит из двух греческих лексем: «arsen», что означает «мужчина», и «coites», что означает «постель», как можно догадаться в смысле сексуальной близости с кем-то (сравнимо с современным употреблением глагола «переспать»).

Однако, во-первых, этимология не всегда отражает значение слова. И Андрей Сергеевич признается сам, что она сможет подвести. Например, английское слово «butterfly» этимологически тоже весьма прозрачно: образовано от слов «butter» (масло) и «fly» (летать). Но разве оно означает летающее масло?!

Во-вторых, в этом случае, даже исходя из этимологии, можно сделать выводы о разных значениях: тот, кто ложится в постель с мужчиной; мужчина, с которым ложатся в постель. И это только возможные буквальные значения. Однако за этими значениями могут стоять различные социальные явления: мужская проституция, сожительство мужчины-жигало с другим мужчиной или женщиной или, обратное, сожительство последних с жигало и т. д.

Обычно значение древних слов можно понять из контекста, в котором они используются. И Андрей Десницкий тоже ссылается на употребление. Однако как минимум он лукавит. Термин arsenocoites является неологизмом, словом, придуманным апостолом Павлом. До него это слово не встречалось в литературе. После него оно обычно встречается без достаточного контекста, чтобы установить значение. В моём уточняющем вопросе к профессору были приведены следующие данные:

«В базе Thesaurus Lingua Graecae, например, отслеживается 73 упоминания лексемы. Но эти упоминания подобны спискам грехов Павла и не дают достаточного контекста для установления значения... В «Апологии Аристида» слово употребляется в связи с изнасилованием Зевсом смертного мальчика Ганимеда. В схожей истории из «Ипполита» демон Наас насилует Адама. То есть акты объединяет насилие и межприродный характер (бог/демон + человек)».

Андрей Сергеевич парировал следующей цитатой:

«Слово действительно редкое, но не уникальное для Павла.
εἰς τὴν πύλην τὴν ἀνατολικὴν τῆς Θεσσαλονίκης
ἠνορέης ὀλετῆρα ὑπερφιάλου Βαβυλῶνος
καὶ σέλας ἀκτεάνοιο δίκης Βασίλειον ὕπαρχον,
ξεῖνε, νόῳ σκίρτησον, ἰδὼν ἐφύπερθε πυλάων.
εὐνομίης ποτὶ χῶρον ἀριστογένεθλον ὁδεύεις,
βάρβαρον οὐ τρομέεις, οὐκ ἄρρενας ***ἀρρενοκοίτας***.
ὅπλα Λάκων, σὺ δὲ τεῖχος ἔχεις βασίλειον ἄγαλμα. (Anthol. 9, 686, 5)»

МОЖЕТ ЛИ ПРАВОСЛАВНЫЙ НЕ БЫТЬ ГОМОФОБОМ?73

Здесь он цитирует анонимную эпиграмму из сборника текстов с V века до Р. Хр. по IX век после Р. Хр. «Anthologia Palatina» (Палатинская антология). В переводе на русский язык она может звучать так:

«Ликуй в сердце твоём, путник, когда увидишь над воротами префекта Василия, разрушителя доблести дерзкого Вавилона и светоча неподкупной справедливости. Ты идёшь к месту доброго правления, к матери превосходных сыновей. Тебе не нужно бояться варваров и арсенокоитов. Защита лаконианцев (спартанцев) оружие, а твоя крепостная стена — изваяние Василия».

Во-первых, мы не видим здесь контекста, который доказывает, что арсенокоития это гомосексуализм. Во-вторых, образ разрушителя Вавилона имеет очевидно христианский характер. Понятно, что автор эпиграммы христианин, живший после апостола Павла. Поэтому мы не можем принять это сочинение за свидетельство независимого от Павла использования слова «арсенокоиты». В-третьих, исследователи датируют эту эпиграмму или VI или XIX веком после Р. Хр. в зависимости от того, кого распознают в Василии: перфекта Иллирии Василида (VI в.) или императора Василия I (IX в.). Последний известен как законодатель и завоеватель арабов Мессопотамии (варваров в греческом представлении), которых греки в то время обвиняли в поддержке разных видов сексуальных грехов, хотя исторических подтверждений этому нет. Но некоторых смущает присвоенный ему здесь титул префект. Префект претория Иллирики Василид тоже связан с законодательной деятельностью: он был членом комиссии, готовившей Свод гражданского права, под руководством Трибониана. Позже он сменил Трибониана на посту квестора sacri palatii, высшего судебного органа в Византийской империи. Проблема однако в том, что об участии Василида в победе над какими-нибудь варварами неизвестно. Он участвовал только в подавлении беспорядков в Константинополе.

Врёт Андрей Сергеевич и о том, что все древнегреческие словари дают значение именно гомосексуал(-ист). Во-первых, как вы уже знаете, словари до 1869 года не могли давать такое значение в силу того, что самого этого термина ещё придумано не было. Во-вторых, простая проверка опровергает тезис господина Десницкого:

«Dictionnaire abrégé grec-français», Anatole Bailly, 1969 г. (Греко-французский словарь Анатоля Байи): homme de mœurs contre nature, mignon (человек неестественных нравов, фаворит-любовник).

«Griechisch-deutsches Handwörterbuch», Wilhelm Pape, 1850 г. (Греко-немецкий карманный словарь Вильгельма Папе): Knabenschänder (педераст, растлитель мальчиков-катамитов).

«Strong's Greek and Hebrew Dictionaries», James Strong, 1890 г.: a sodomite: abuser of (that defile) self with mankind (содомит: злоупотребляющий собой (оскверняющий себя) с мужчинами).

«The New International Dictionary of New Testament Theology» (NICNT), 1975 г.: One who lies with a male (тот, кто лежит с мужчиной).

Theological Dictionary of the New Testament by Gerhard Kittel, тома издавались с 1931 по 1976 годы: One who lies with a male (Тот, кто лежит с мужчиной). В немецкой редакции: Der, der mit einem Manne schläft (Тот, кто спит с мужчиной).

Наконец, мы можем вернуть профессору парафраз его же аргумента. То, что потом, в новое время, кто-то отождествил арсенокоитов с гомосексуалами не отменяет того факта, что античное употребление этого слова не даёт предпосылок для этого.

По одной из версий Павел хотел сделать скрытую ссылку на греческий перевод Левит 20:13, где arsenos и koite появляются рядом друг с другом и образуют схожую по звучанию фразу. Однако мы уже установили, что запреты книги Левит не распространяются на гомосексуальные любовные отношения. Так что, если Павел здесь ссылается на Книгу Левит, то он точно под arsenokoites не имеет в виду гомосексуалистов как таковых.

Средневековые переводчики аналогично могли только догадываться об истинном значении неологизма апостола. Средневековый латинский перевод Библии, Вульгата Клементина, переводит ἀρσενοκοίτης как «masculorum concubitoribus», что означает сожительство или сутенёрство. Мартин Лютер в переводе 1545 года использует слово «Knabenschänder» (растлитель мальчиков).

Переводчики делают разные предположения и о значении слова μαλακος. Буквально оно означает «мягкий». Иисус Христос использует это слово в Матфея 11:8 и Луки 7:25, имея в виду мягкую одежду, которую носили богатые люди, привыкшие к роскоши. Очевидно, что это метафора. Но для кого?

Гомонегативисты считают, что malakos — это нижний, пассивный партнёр в гомосексуальном акте, а arsenokoit — верхний, активный партнёр. Однако такая гипотеза не более доказуема, чем многие альтернативные переводы.

Климент Александрийский (II век) связывает слово malakos с изнеженностью богатых мужчин, которые заботятся о своей внешности. Он ничего не говорит об их сексуальных предпочтениях. Он просто подчёркивает, что такие мужчины становятся вульгарными и вызывающими в своём внешнем виде, как это свойственно блудницам и проституткам (Педагог. Книга III, Глава 3. Против мужчин, которые украшают себя).

Английский филолог и теолог Уильям Тиндейл в переводе Библии 1526 года это слово переводит как «weaklings»: кто-то слабый характером. Мартин Лютер в 1534 году даёт схожий по значению перевод: «die Weichlinge». В Женевской Библии 1560 года малакии называются «wantons» (распутники). В версии короля Якова 1611 года стоит «effeminate»: феминизированные, женоподобные. Многие переводы предполагают, что апостол говорит о мужской проституции: New American Bible (1970), New Century (1987), New Revised Standard Version (1989), New Living Translation (1996), International Standard Version (2000), World English Bible (2005).

Если мы обратимся к тем редким ранним текстам, которые предоставляют некоторый контекст для объяснения значения слова arsenokoit, они разочаруют гомонегативистов. Скорее в них подразумевается межвидовой (ангелов, языческих богов, животных с людьми) секс, или секс без зачатия (оральный, анальный и т. д.). Все это в древности считалось противоестественным сексуальным проявлением.

Однако яснее всего тот факт, что арсенокоитов нельзя запросто отождествить с гомосексуальными отношениями любви, доказывается использованием этого слова в трактате «Покаяние» Константинопольского патриарха Иоанна Постника, канонизированного в лике святителей. Рассуждая о грехе инцеста, он пишет:

«Некоторые делают это даже со своими матерями, а другие — со своими приёмными сёстрами или крестницами. Таким образом, многие мужчины даже совершают грех арсенокоитии со своими женщинами».

τινα τῶν τοῦ πατρὸς παλλακῶν. Φθάνουσι δέ τι καὶ μέχρι τῶν ἰδίων μητέρων. Ἄλλο πάλιν τὸ τὴν ἰδίαν σύντεκνον, καὶ ἄλλο τὸ εἰς ἣν ἐδέξ θυγατέρα. Τὸ μέντοι τῆς ἀρσενοκοιτίας μῦσος πολ καὶ μετὰ τῶν γυναικῶν αὐτῶν ἐκτελοῦσιν.

Patrologiae cursus completus, том 88, стр. 1896.

В «Номоканоне» Иоанна Постника мы находим ещё одно свидетельство гетеросексуальной арсенокитии:

«Есть же и женское мужеложство, в котором мужья, помрачённые и ослеплённые врагом, оставив естественное дело, в задний проход блудят с несчастными женщинами и иное с своими жёнами... Совершающие тот злой грех обличаются св. апостолом Павлом, который оплакивает их и говорит, что они переделали характер женской природы и воспылали страстью, мужья с мужьями творили позорное и получат должную мзду за такой соблазн».

Очевидно, что грех арсенокоитии, по мнению византийского канониста, может быть совершён и во время гетеросексуального полового акта. Нам также будет интересно при обсуждении Послания к Римлянам в следующей главе, что образ когда «мужья с мужьями творят позорное» он понимает не как действительно гомосексуальные акты, а как то, что при зандевагиальном соитии мужья со своими жёнами поступают так, как если бы те были мужчинами, то есть не имели бы детородных органов для приятия семени.

Таким образом, когда мы осуждаем арсенокоитов, мы не осуждаем гомосексуальность как таковую. Византийский астролог Реторий Египетский (VII в.) также писал о гетеросексуальных арсенокоитах. Он использует выражение: «арсенокоиты и насильники женщин».

Никто точно не знает, что имел в виду апостол Павел, но в средневековой литературе арсенокоития, вероятно, означала заднее проникновение независимо от пола или сексуальной ориентации участников этого акта.

Такие сексуальные практики считались противоестественными из-за невозможности зачатия, а не потому, что это подразумевало однополые отношения. Конечно, если в арсенокоитию были вовлечены двое мужчин, один из них играл роль пассивного реципиента. А такая роль, согласно архаичным представлениям, подходила только женщине. И это считалось таким же грехом, как и гетеросексуальный половой акт с женщиной в активной (мужской) позиции сверху. Но даже эти суеверия архаичной культуры не озабочены вопросом, является ли половой акт гомосексуальным или гетеросексуальным.

Поэтому каждый честный человек, какая бы гипотеза о значении слова arsenokoites ни казалась ему лично наиболее вероятной, должен вслед за исследователем Нового Завета профессором Дейлом Мартином из Йельского университета сказать:

«Я должен пояснить свои утверждения. Я не утверждаю, что знаю, что означает arsenokoités, я утверждаю, что никто не знает, что это значит». (Dale Martin, professor. Sex and the Single Savior: Gender and Sexuality in Biblical Interpretation)

Всё то же самое касается и метафоры «малакии». Не существует консенсуса о значении этого слова у Павла. И даже в авторизованной православной литературе мы видим разнообразие версий:

«Малакия = тяжкий грех рукоблудия, который лишает человека, если он не раскается, Царства Небесного, по слову апостола Павла (1Кор.6:9). Отсюда глагол малакствовати, т.е. скверниться рукоблудием». (Григорий Дьяченко, протоиерей. Полный церковнославянский словарь.)

«Малакия (Греч. изнеженность, мягкотелость) (1Кор 6:9) — пресыщенный, изнеженный человек, чрезмерно предающийся удовольствиям и сладострастию». Библейский словарь В. П. Вихлянцева

Мне кажется авторы Синодального перевода Библии нашли вполне удачный вариант: мужеложники и малакии. В первом случае это просто калька греческого термина. Во втором — «русификация» греческого слова. Сами по себе такие варианты не навязывают никаких конкретных значений и таким образом избегают неоправданных спекуляций.

«Против природы» — Римлянам 1:26-27

Розовый цвет, высокие каблуки, черлидинг, чулки. В нашей культуре эти слова по-прежнему в основном ассоциируются с образом женщины. Но ещё до Второй мировой войны розовый считался мужским цветом. Ведь это оттенок красного — цвета активности и силы.

Задолго до того, как чулки вошли в женский гардероб, у мужчин были популярны укороченные чулки с подтяжками. Средневековые мужчины носили их во время верховой езды и под высокий каблук. Высокие каблуки в то время также считались атрибутом мужского гардероба. Они подчёркивали более высокое положение мужчины в обществе. Если женщина осмеливалась носить высокие каблуки, она бросала вызов нормам приличия и общественной морали.

Изначально черлидинг был престижным мужским видом спорта. Для девушек он считался слишком тяжёлым. Черлидерами были будущие президенты США Эйзенхауэр, Рузвельт и Рейган.

Цель этого краткого экскурса в историю — показать, как быстро меняется понимание обществом того, что является нормальным, приличным и естественным. И как много зависит не от собственной природы вещей, а от культурных предрассудков.

Если бы современный читатель прочитал журнал 1918 года, в котором порицались некоторые мужчины за то, что они носят «женские цвета», нарушая нормы приличия, он, вероятно, подумал бы, что эти мужчины одеваются в стиле розовых Барби. Однако автор статьи в начале 20 века под женскими цветами понимал бы оттенки синего. Сегодня они считаются «мальчуковыми».

Подобным образом современного читателя вводит в заблуждение фраза апостола Павла о сексуальных практиках язычников, которые «противоестественны». Как нечто противоестественное гомонегативистами часто описывается гомосексуальность. Поэтому кажется, что апостол имел в виду то же самое. Однако взгляды Павла и его современников на природу человеческой сексуальности сильно отличаются от наших. В то время ничего не знали о сексуальной ориентации. Моральные критерии оценки сексуальных действий авторов того времени не включали категории гомо- и гетеро-.

«Древние категории сексуального опыта значительно отличались от наших собственных... Центральным различием в сексуальной морали было различие между активной и пассивной ролями. Пол объекта... сам по себе не являлся морально проблематичным. Мальчики и женщины очень часто рассматривались как взаимозаменяемые объекты [мужского] желания. Социально важным было проникать, а не быть принимающим. Секс понимался по своей сути не как взаимодействие, а как выполнение чего-то по отношению к кому-то...» (Martha Nussbaum. The Bondage and Freedom of Eros.)

Давайте попробуем перечитать апостола Павла глазами его современников.

«Потому предал их Бог постыдным страстям: женщины их заменили естественное употребление противоестественным; подобно и мужчины, оставив естественное употребление женского пола, разжигались похотью друг на друга, мужчины на мужчинах делая срам и получая в самих себе должное возмездие за своё заблуждение». (Римлянам 1:26-27)

Если мы поймём, что означают греческие выражения «fisikēn chrēsin» (естественное употребление) и «para fizikēn chrēsin» (выше естественного или противоестественное употребление), мы получим ключ к истинному смыслу.

Писатель второго века Климент Александрийский, следуя иудейской традиции, утверждает, что «недозволительно человеку соитие, совершаемое без цели зачатия». И далее развивает свою точку зрения:

«Природа как в отношении пищи, так и в отношении законного брака позволяет пользоваться лишь тем, что естественно, целесообразно и благопристойно. Она дозволяет страстное стремление к произведению детей. Но всякая чрезмерность и неумеренность идут уже против законов природы; неестественными связями допускающие их сами себе вредят. Прежде всего, отсюда закон, чтобы мы никогда не вступали в любовную связь с юношами будто с женщинами. Потому философствующий ученик Моисея, Платон, говорит: «Не следует на утёсы и на камни сеять, где семя никогда корней пустить не может». И Логос устами Моисея повелевает ясно: «И не ложись с мужчиною, как с женщиною; это мерзость» (Лев. 18:22).... «и вообще ни к какой не прикасайся женщине, Кроме как к своей собственной жене» (Лев. 18:20); с ней только имеешь ты право предаваться утехам плоти для зачатия законного потомства; лишь это дозволяется Логосом. У того, кто тем, что он делает сам, содействует творческой деятельности Логоса, семя не будет отвергнуто и не принесёт никакого вреда, не на рога вола же нужно сеять». (Климент Александрийский. Педагог)

Мысль Климента Александрийского близка утверждению апостола Павла. Он даже поясняет, на какое возмездие в самих себе обрекают себя люди, практикующие «противоестественное употребление».

«Итак, человек настолько лишается жизненных сил от семяизвержения, насколько представляется он своим телесным организмом, ибо в начале жизни лежит как раз то, что связано с концом; отчего и извержение материи разрушает здоровье и у организма подтачивает и уменьшает силы». (Там же).

Таким образом, Климент Александрийский считает противоестественным как гетеросексуальное, так и гомосексуальное соитие, при котором происходит семяизвержение, но которое не направлено на зачатие. Он даже призывает ограничить сексуальные отношения с женой только производством детей.

«Совокупляться, если не ради рождения детей, это значит обижать природу; учительница эта сама указала, какому возрасту свойственно это и устранила от этого отроков и старцев... Но не хочет она, чтобы и в браке люди всегда предавались физической близости, ибо она связана со стремлением к рождению сыновей и не представляет собой беспорядочное выбрасывание семени, совершенно противоестественное и противоразумное». (Там же)

Нетворческие методы супружеского соития Климент считает признаком чрезмерной одержимости сексуальностью. Некоторые из таких способов соития могут быть названы противоестественными также потому, что подразумевают обмен мужскими (активными) и женскими (пассивными) ролями.

«Распущенностью нравов все сдвинуто с места, человечество обесчещено, превышающие всякую меру беспутные желания гоняются за всем, добиваются всего, вынуждают себя ко всему, извращают природу; мужчины противоестественно принимают на себя роль женщин, женщины — мужчин; есть женщины, замуж выходящие, но и женящиеся; все пути к любострастию открыты». (Там же)

С этой стороны, гетеросексуальное соитие с женой оказывается противоестественным, если она находится сверху (в позе наездницы). Интересно, что в некоторых древних сборниках канонического права такое половое сношение каралось как содомия.

«В церковном праве и покаянной литературе употребляется масса уничижительных эпитетов для обозначения сношений в задних позах: «содомия», «противоестественный», «безобразный», «чудовищный». Те же самые слова время от времени применялись к иным видам сексуальных сношений. Анальные сношения между мужчинами считались также «противоестественными», хотя иные формы гомосексуальных отношений такого ярлыка не удостаивались. Как нам уже известно, вагинальные сношения между мужем и женой заслуживали осуждения в качестве «содомии», если мужчина брал женщину сзади или если женщина занимала господствующую позицию «сверху»... Для женщины неправильно господствовать над мужчиной, коему Бог предписал быть её господином, поэтому сношение, когда женщина находится наверху, попадает в разряд «содомии». Неправильным является сексуальное использование женщины как мужчины («мужеско») посредством задневагинального или анального проникновения; женщины должны исполнять исключительно женские сексуальные роли. В общем и целом, «противоестественный» секс менял местами установившиеся социальные отношения и по этой причине представлял собой серьёзное правонарушение... Неприятие гомосексуализма основывалось не на том, что для мужчины было якобы «противоестественным» иметь сексуальное влечение к другим мужчинам, скорее всего славянские священнослужители ощущали важность сохранения для мужчин и женщин предписанных гендерных ролей. Эти роли исключали подчинение одного мужчины через анальное проникновение со стороны другого мужчины. Обусловить «феминизацию» какого-либо мужчины тем, что поставить его в ситуацию, в которой он должен исполнить женскую роль, было ещё хуже. Однако, когда мужчины занимались взаимной мастурбацией, ни один из них не оказывался на месте женщины, так что сохранение предписанных гендерных ролей гарантировалось. И потому славянские церковнослужители могли позволить себе большую снисходительность по отношению к данному конкретному типу гомосексуальной активности». (Ева Левина, Секс и общество в мире православных славян. Перев. с англ. В.В. Львова.)

Конечно, Климент осуждает половой акт между мужчинами. Но не за гомосексуальный характер, а за нетворческую трату семени, унижение пассивного партнёра женской ролью и чрезмерное увлечение сексуальностью.

В качестве аргументов он обращается к архаичным представлениям о том, что происходит в животном мире, и пытается осмыслить библейские тексты через свои натурфилософские представления. Современный читатель не может принять большинство его доказательств. Например, теперь мы знаем, что в животном мире половой акт служит не только для продолжения рода. Гомосексуальное поведение также зафиксировано в животном мире.

Аргумент о том, что человек не имеет права дополнительно приписывать природным органам и проявлениям социальные функции, наделять их дополнительными социальными значениями, также не выдерживает критики. Даже современник Климента мог бы возразить ему. «Неужели мы, христиане, не приветствуем друг друга святым лобзанием? Между тем, естественное строение рта говорит, что его естественное назначение — принимать пищу и издавать звуки, а не раздавать поцелуи!»

С помощью тех же архаичных и не всегда продуманных аргументов Климент признаёт противоестественными вещи, которые не смущают большинство современных христианских фундаменталистов. Например, бритьё бороды и ношение серёжек.

«Непозволительно, следовательно, бороду выщипывать, это самой природой данное убранство, истинное украшение... Бог захотел, чтобы женщина имела кожу гладкую и чтобы только голова ее украшена была самородным и роскошным этим нарядом волос; он придаёт ее виду осанистость, подобно тому, как и лошадь в своей гриве имеет украшение, ей придающее вид гордый. Мужчину же, как и львов, Творец бородой украсил и ему вид мужественный сообщил в груди волосатой, служащей знаком силы и господства... И эти волосы, дарованные мужчине, Творец ставит столь высоко, что наравне с разумом указывает в них преимущество мужа... Характерная принадлежность мужчины, борода, обнаруживающая в нём мужа, древнее Евы, и является символом природы сравнительно более сильной. Вот почему Творец приличным нашёл украсить мужа волосами и почему усеял ими все его тело; части же гладкие и мягкие Он снял с боков тела мужчины и создал из них отличающуюся более нежной организацией и деликатностью форм жену, Еву, в качестве спутницы состояния брачного и заправительницы домохозяйством, предназначенную, собственно, для порождения зачаточного зерна и продолжения рода...» (Там же)

«Уши же жён не должны противоестественно быть прокалываемы для ношения на них колечек и серег: несправедливо вопреки воле Божией причинять насилие природе. Нет для ушей лучшего украшения как катехизис истины, проникающий в душу естественным путём слуха». (Там же)

Христианам, которые настаивают на том, что мы должны жить в соответствии с архаичными представлениями о естественном, следует задуматься о том, что ещё включает в себя понятие «противоестественного» времён апостола Павла и Климента Александрийского!

Иудейский богослов первого века Филон Александрийский, обсуждая табу из 18:22 и 20:13 книги Левит, отмечает, что оно постоянно нарушается язычниками.

«И я полагаю, что причина этого в том, что у многих народов действительно существуют награды за невоздержанность и изнеженность. В любое время года можно увидеть женоподобных мужчин, вечно расхаживающих по рыночной площади в полдень и возглавляющих праздничные процессии; и, нечестивцев, по жребию получивших управление храмом, приступивших к святым обрядам инициации и причастных даже к священным таинствам Цереры». (Филон Александрийский. Трактат «Об особенных законах».)

Для нас важно что Филон критикует язычников за то же, что и апостол Павел. Бесплодная трата мужского семени для него тоже является грехом. Он сравнивает таких «сеятелей» с глупым земледельцем.

«...как никчемный земледелец, он оставляет плодородные и продуктивные земли лежать под паром, устраивая так, чтобы они оставались бесплодными, и трудится день и ночь, возделывая эту почву, от которой он никогда не ожидает никакого урожая». (Там же)

Мы уже говорили выше, что в древности только мужское семя считалось ответственным за формирование ребёнка. Женское тело воспринималось как почва, дающая материал и питание для роста и развития. Поэтому бесполезная трата мужского семени в те времена воспринималась гораздо серьёзнее, чем сейчас. Филон Александрийский обвиняет любителей мальчиков почти в геноциде:

«Пусть тот, кто одержим любовью к мальчикам, подвергнется такому же наказанию, поскольку он гонится за удовольствиями, которые противоречат природе, и поскольку, насколько это от него зависит, он хочет сделать города запустевшими, пустыми и лишёнными всех жителей, попусту растрачивая свою силу, данную для продолжения своего рода...» (Там же).

Он также опасается, что это бесплодное «фермерство» феминизирует мальчиков и мешает им развивать мужественность. По мнению Филона, такие мальчики «привыкают к тому, что с ними обращаются как с женщинами, и тем самым истощают не только свои души, но и тела — они не возбуждают в себе ни единой искры мужского характера, которую можно было бы сохранить и затем снова разжечь» (там же).

В греческом тексте апостол Павел говорит, что мужчины на мужчинах делают «асхэмосюнэн». Мы можем понимать это как метафору для совершения чего-то непристойного. Но буквально это слово означает, что мужчины уродуют друг друга. И это может быть связано с тем, что участники культовых оргий (апостол пишет об идолопоклонстве, а не об абстрактных сексуальных отношениях) наказывают сами себя каким-то образом. Филон, современник Павла, разъясняет что именно это может означать:

«И некоторые из этих людей дошли даже до того, что в своём восхищении этими тонкими удовольствиями юности, что захотели полностью изменить своё положение на положение женщины, оскопили себя и облачились в пурпурные одежды, подобно тем, кто, будучи причиной великих благословений для своей родной земли, ходит в сопровождении телохранителей, сбивая с ног каждого встречного». (Там же).

Таких женоподобных мужчин, которые кастрировали себя и становились жрецами богини Кибелы (Цереры, Астарты), называли галлами. Более подробную информацию приводит автор II века Лукиан в трактате «О Сирийской богине»:

«В установленные дни толпа собирается в святилище, чтобы присутствовать при оргиях: множество галлов и священнослужителей, которых я уже назвал, справляют оргии, причём режут себе руки и бьют друг друга по спинам. Находящиеся тут же многочисленные музыканты играют на флейтах, бьют в тимпаны и поют боговдохновенные священные песни. Все это происходит вне храма, и никто из участников оргий в него не вступает. В эти дни многие становятся галлами. В то время, как одни играют на флейтах и справляют оргии, на многих уже находит безумие, и, хотя пришли они сюда только как на зрелище, начинают делать следующее, — расскажу и о том, что они делают: юноша, которому надлежит совершить это, с громким криком сбрасывает свои одежды, выходит на середину и выхватывает меч; мечи эти постоянно находятся там, как я думаю, для этих целей. Оскопив себя мечом, юноша носится по всему городу, держа в руках то, что он отсек. И в какой бы дом он ни забросил это, оттуда он получает женские одежды и украшения. Вот все, что совершается во время оскопления».

Именно такую картину безумия идолопоклонства Павел хотел нарисовать своим читателям. Римские адресаты апостола хорошо это понимали. Ещё в 204 г. до н. э. главное святилище Кибелы было перенесено из Пессинунта в Верхней Фригии в Рим. Сюда же был привезён её символ: чёрный фаллоподобный камень. Так римляне пытались избежать поражения во 2-й Пунической войне. Верховной жрицей Кибелы стала жена римского императора. В самом Риме было основано пять центров поклонения Кибеле.

Согласно поэме «Фасты» (Календарь) древнеримского поэта Овидия (43 г. до н. э. — 18 г. н. э.), каждый апрель по улицам Рима проходили священные шествия. Конечно, они заканчивались ритуальными оргиями. Римские адресаты Павла видели все это собственными глазами.

Теперь вы понимаете, что для них это была история не об ужасе гомосексуализма, а о плачевных следствиях идолопоклонства — о безумной сексуальной одержимости, заставляющей отказываться от продолжения себя в потомстве!?

Павел показывает сексуальную ненасытность язычников во многих отношениях. Разумных доз супружеского секса им уже недостаточно. Поэтому они прибегают к непродуктивным методам полового акта — «противоестественным». Во времена Павла такие методы использовались в качестве контрацепции и поощрялись в публичных домах. Но в глазах праведного иудея или христианина они воспринимались как преднамеренное убийство ради удовольствия. Но идолопоклонникам этого мало. Помешанные на сексе языческие боги доводили своих поклонников до такого безумия, что люди калечили друг друга и кастрировали себя ради идолов. В этом смысле они сами наказывали себя за своё безумие.

Ещё одним доказательством того, что для древнего читателя противоестественный секс в послании Павла означал не гомосексуальность, а бесплодные половые сношения, является комментарий Аврелия Августина к этому отрывку:

«Что касается того, что апостол говорит о нечестивых, что, оставив естественное употребление женщины, мужчины разжигались похотью друг на друга: мужчины на мужчинах, делая то, что неприлично; Римлянам 1:27 он не говорил о супружеском употреблении, но о естественном употреблении, желая, чтобы мы поняли, как происходит, что посредством членов, созданных для этой цели, два пола могут сочетаться для рождения. Таким образом, следует, что даже когда мужчина соединяется с блудницей, чтобы использовать эти члены, употребление является естественным. Это, однако, не похвально, а скорее порицаемо. Но что касается любой части тела, которая не предназначена для детородных целей, если мужчина использует в ней даже свою жену, это противоестественно и постыдно. Действительно, тот же апостол ранее Римлянам 9:26 сказал о женщинах: и жены их изменили естественное употребление в противоестественное; и затем относительно мужчин он добавил, что они делают то, что неприлично, оставляя естественное употребление женщины. Поэтому под рассматриваемой фразой естественное употребление не подразумевается восхваление супружеской связи; но тем самым обозначаются те постыдные дела, которые более нечисты и преступны, чем даже употребление мужчинами женщин, которое, хотя и незаконно, тем не менее естественно». (Августин Гиппонский. О браке и похоти, Книга 2)

Из этого пространного изъяснения ясно, что когда преподобный говорит о противоестественном совокуплении, он не имеет в виду поцелуи или какие-либо внешние сексуальные ласки, но только мужское проникновение без намерения зачатия. Для иудеев и христиан, находящихся под влиянием еврейской традиции, непродуктивные формы секса ассоциировались с сексуальными излишествами. В логике архаичного понимания природы деторождения они считались убийством ради контрацепции. А если мужчина решает убить ради дозы сексуального удовольствия, он явно злоупотребляет сексом.

МОЖЕТ ЛИ ПРАВОСЛАВНЫЙ НЕ БЫТЬ ГОМОФОБОМ?95

Даже когда Павел возмущается тем, что мужчины оставили своих жён и ушли к другим мужчинам, это не означает для него или его адресатов, что быть геем — грех. Это просто ещё один признак сексуальной ненасытности. Вот что пишет об этом библеист Стивен Дж. Паттерсон:

«Большинство людей сегодня думают, что мужчина, который занимается сексом с мужчиной, должно быть гей. Но древние так не думали. Они не знали о сексуальной ориентации — гей, натурал или би. Они скорее предполагали, что сексуальный аппетит человека может быть утолён с любым полом. Человек с нормальным сексуальным влечением обычно занимается сексом с человеком противоположного пола. Но люди с ненасытным сексуальным аппетитом и слабым самоконтролем могут пойти дальше и заняться сексом с человеком того же пола — сексуальные излишества, можно сказать. Однополый секс не был признаком того, что кто-то был гомосексуалистом. Это означало, что кому-то не хватало самоконтроля. Именно так Павел думает об однополом сексе». (Stephen J. Patterson. Paul Hated Sex (But Thought You Should Enjoy It)

Итак, рассматриваемый отрывок — это монолог апостола о пагубных последствиях идолопоклонства, приводящего к сексуальному «чревоугодию». Павел не знал о геях и не писал о них. Из этих стихов невозможно вывести этические нормы для геев-христиан, которые любят друг друга, далеки от идолопоклонства, прелюбодеяния и сексуальной одержимости.

«Павел, как оказалось, не ненавидел геев. Он ещё не знал о геях. То, что он недолюбливал, был секс. Для него секс был просто грубой страстью. Нужно уметь ей противостоять. Секс — для духовных слабаков, думал он. Но он знал, что большинство из нас слабаки, поэтому он пошёл на уступку. В 1 Коринфянам он пишет: «*лучше жениться, нежели разжигаться*» (1 Коринфянам 7:9). Если бы Павел знал обо всём спектре человеческой сексуальности, он бы тоже презирал все это, но, возможно, не больше, чем любое другое сексуальное выражение. Возможно, он сказал бы любому, как натуралу, так и гею: «*лучше жениться, нежели разжигаться*». (Там же.)

Может ли христианин не быть гомофобом?

Помните, о чем мы договорились ранее (см. главу: «Ключ к вратам рая — любовь»): «**Если окажется, что Библия не осуждает однополое сексуальное влечение, то однополые отношения супружеской любви сотериологически ничем не хуже гетеросексуальных отношений любви!**» Пришло время кратко подвести итоги анализа библейских текстов, используемых гомонегативистами.

Бытие 1:27. Фраза «мужчину и женщину сотворил их» может быть понята как риторический приём меризма. В данном случае это декларация бимодальной, а не бинарной природы человеческого пола. Такое прочтение больше соответствует современным научным знаниям и внутренним особенностям библейского текста.

Бытие 2:23-24. Ничто в Библии не указывает на то, что брак Адама и Евы является единственным типом брака для всех людей на все времена, который одобряет Бог. Напротив, некоторые черты брака Адама и Евы были позже запрещены как грехи (например, кровосмешение). Кроме того, в Библии приведены примеры браков, которые не соответствуют модели Адама и Евы (полигамия ветхозаветных святых). Наконец, Библия провозглашает принцип свободы: люди могут делать все, кроме того, что вредно и греховно (1 Коринфянам 6:12; 10:23). В отношении брака это означает, что люди свободны решать для себя, какие супружеские отношения они хотят или не хотят, могут или не могут (по законам) иметь. Самое главное, чтобы христианское понимание брака не наносило вреда духовной жизни и не приводило к греху.

Бытие, глава 19. В библейском рассказе о разрушении Содома гомосексуализм не упоминается. Попытка жителей (как мужчин, так и женщин) изнасиловать гостей Лота греховна самим фактом насилия, независимо от гомо или гетеро направленности. В тех местах Библии, где перечислены грехи Содома, нет упоминания об однополых отношениях.

Утверждение Иуды о том, что содомляне ходили вслед иной плоти, не подходит под описание сущности гомосексуализма, которая заключается в устремлении к такой же, этой же, а не иной плоти. Вероятно, Иуда имеет в виду, что из-за своей ксенофобии содомляне неосознанно покусились на ангельскую плоть. Однако это выражение можно также понимать как намёк на зоофилию или измену жене. В последнем случае «другое тело» должно означать «иное тело, чем то, которое предназначено для [этого] человека».

Левит 18:22; 20:13. Если верить букве традиционных европейских переводов, то запрета на возлежание с мужчиной нет — запрещено лежать с мужчиной как с женщиной (по-женски). В древнем представлении это означает, что мужчина не должен брать на себя пассивную (женскую) роль и не должен поощрять к этому другого мужчину.

В собственной еврейской традиции эти табу имеют два варианта перевода и понимания: либо как запрет на половые сношения с мужчинами, имеющими также женские ложесна (с гермафродитами), либо как запрет на совместное возлежание нескольких мужчин с одной женщиной. Более того, запреты изданы во избежание идолопоклоннических традиций, практикуемых соседями Израиля. Непростительно безрассудно автоматически распространять их на этику любовных отношений между христианами, далёкими от идолопоклонства.

1 Коринфянам 6:9; 1 Тимофею 1:10. Нет убедительных аргументов, почему неологизм Павла «арсенокоиты» и метафора «малакии» должны быть связаны с гомосексуальными привычками. Ранние переводы имели альтернативные значения, не связанные с гомосексуализмом. Константинопольский патриарх Иоанн Постник пишет, что грех арсенокоитии может быть совершён мужчинами с их жёнами. Сегодня никто точно не знает, что имел в виду апостол Павел. Гипотеза, которая не более убедительна, чем многие другие альтернативы, не подходит для доказательства обязывающего вывода, который существенно влияет на жизнь миллионов людей. Мы должны быть очень осторожны с посланиями апостола Павла, «в которых есть нечто неудобовразумительное, что невежды и неутверждённые, к собственной своей погибели, превращают, как и прочие Писания» (2 Петра 3:16).

Римлянам 1:26-27. Апостол Павел пишет не о гомосексуализме, а о сексуальной одержимости, которая, по его мнению, вызвана идолопоклонством. Выражение «употребление против природы» в понимании того времени относилось не к гомосексуальным действиям, а к непродуктивному пролитию семени. Даже переход мужчин с женщин на других мужчин, по мнению Павла и его современников, является не признаком гомосексуализма (о котором они ничего не знали), а симптомом сексуальной распущенности. Апостол Павел недолюбливал секс в целом. В конце концов, чтобы иметь законный секс, нужно было взять на себя обязанности брака и семьи, которые отвлекают от служения Господу (1 Коринфянам 7:32-34). В идеале, думал Павел, было бы лучше оставаться холостым, как он (1 Коринфянам 7:1,7-8). Но апостол был реалистом и понимал, что не все призваны к подвигу воздержания. Если бы Павел обладал современными научными знаниями о природе человеческой сексуальности и понимал, что гомосексуальные акты могут быть не только признаком сексуального переедания, но и симптомом врождённой ориентации, такой же, как и у гетеросексуалов, весьма вероятно, что он сказал бы гомосексуалистам то же самое, что и гетеросексуалам, не имеющим призвания к девственности:

«Но если не могут воздержаться, пусть вступают в брак; ибо лучше вступить в брак, нежели разжигаться!» (1 Коринфянам 7:9)

Единственная подлинная христианская ценность — способность любить бескорыстно и преданно. Только она имеет сотериологический смысл и остаётся неизменной во все времена и в вечности.

«Любовь никогда не перестаёт, хотя и пророчества прекратятся, и языки умолкнут, и знание упразднится». (1 Коринфянам 13:8)

К сожалению, христианские фундаменталисты объявили христианскими ценностями формы приспособления людей к условиям падшего мира, которые исторически изменчивы и не имеют сотериологического значения. Поэтому они борются за неизменность и сохранение этих внешних форм, тогда как призвание христиан совершенно противоположное: постепенно изменять внешние условия и формы человеческой жизни и устройство общества так, чтобы они все больше соответствовали идеалу единственной и истинной христианской ценности — любви!

Спутав содержание с формой, непреложную ценность с внешними способами её реализации, гомонегативисты незаметно для себя пришли к антихристианской пастырской практике. Говоря о гетеросексуалах они соглашаются, что не все призваны к подвигу воздержания. Они могут согласиться с нами, что брак — это полезная для духовной жизни социальная форма, в которой люди, не имеющие призвания к девству, могут благочестиво и богоугодно реализовывать свои сексуальные потребности, развивать в себе способность к христианской любви. Немного поразмыслив, они согласятся даже с тем, что рождение детей не является обязательным условием всякого богоугодного брака. Что заповедь плодиться и размножаться в лице Адама и Евы дана человечеству как целому, а не каждому в отдельности. И что многие люди (в том числе и апостолы Христовы) по разным причинам не исполнили эту заповедь, но угодили Богу и имеют надежду на спасение.

«Брак дан для деторождения, а ещё более для погашения естественного пламени. Свидетель этому Павел, который говорит: ... во избежание блуда, каждый имей свою жену, и каждая имей своего мужа (1 Кор. 7:2). Не сказал: для деторождения. И потом опять будьте вместе (ст. 5) — повелевает он не для того чтобы сделаться родителями многих детей, а для чего? ...чтобы не искушал вас сатана невоздержанием вашим. И продолжая речь, не сказал: «если желают иметь детей», а что? ...если не могут воздержаться, пусть вступают в брак; ибо лучше вступить в брак, нежели разжигаться (ст. 9). В начале брак имел, как я сказал, две вышеупомянутые цели, но впоследствии, когда наполнились и земля, и море, и вся вселенная, осталось одно только его назначение — искоренение невоздержания и распутства; ибо для людей, которые и теперь ещё предаются этим страстям, хотят вести жизнь свиней и растлеваться в непотребных убежищах, брак немало полезен, освобождая их от нечистоты и такой потребности и сохраняя их в святости и честности». — Святитель Иоанн Златоуст.

«Сам по себе брак не есть причина деторождения, но слово Бога, Который говорит: «Плодитесь и размножайтесь, и наполняйте землю» (см. Быт. 1:28). В этом нас уверяют те, кто, заключив брак, не стали родителями. Так что первая — это причина воздержания, и особенно сейчас, когда вся земля наполнилась родом человеческим.

В начале, конечно же, рождение детей было потому желанным, что каждый очень хотел оставить по себе воспоминание, и это было продолжением его собственной жизни. Не было тогда ещё надежды воскресения, но властвовала над всем смерть, и те, кто умирали, полагали, что после этой жизни здесь на земле переходят в небытие. Поэтому и дал Господь в утешение детей, чтобы были они живым изображением умерших и сохранялся род человеческий, и для тех, кто умирал, и для сродников их, потомки их были бы утешением великим». — Блаженный старец Иосиф Ватопедский.

Однако как только речь заходит о гомосексуалистах, эти же люди забывают, что не все призваны к воздержанию и что оправданием брака может быть не только рождение ребёнка, но и желание успокоить свою сексуальность в благочестивой супружеской близости, как учил апостол Павел (1 Коринфянам 7:5). Вместо того, чтобы дать гомосексуальным парам пространство для развития в христианской любви, вместо того, чтобы обратиться к ним с новозаветным принципом «лучше вступить в брак, нежели разжигаться» (см.: 1 Коринфянам 7:9), гомонегативисты отлучают гомосексуалистов от брака, подталкивая их к греховной жизни.

Гетеросексуальные гомонегативисты возлагают на гомосексуальных христиан непосильное бремя (см.: Луки 11:46), которое они сами не готовы нести. Понуждая гомосексуалистов жить так, как у них нет сил жить, фундаменталисты толкают их ко греху. После чего за этот грех они обещают гомосексуалистам вечные адские муки. При этом сами фундаменталисты не слышат обращённого к ним предостережения Христа:

«А кто соблазнит одного из малых сих, верующих в Меня, тому лучше было бы, если бы повесили ему мельничный жёрнов на шею и потопили его во глубине морской». (Матфея 18:6).

Однако христиане, желающие бороться за истинную христианскую ценность любви, должны бы поддерживать стремление однополых пар жить в преданных моногамных браках! Ведь именно такая тактика увеличивает количество союзников в борьбе за значимость христианского брака в обществе.

И это уже не голая фантазия гомопозитивных христиан. В мае 2024 года американская некоммерческая исследовательская организация RAND Corporation опубликовала данные исследования о последствиях легализации однополых браков в некоторых штатах США.

«В целом анализ не выявил доказательств отказа от брака в результате легализации брака для однополых пар. Фактически, единственным свидетельством изменений, которое обнаружили исследователи, является возможное увеличение числа браков в результате легализации браков между однополыми партнёрами — увеличение, которое является не только результатом вступления в брак однополых пар. Объяснения такого увеличения могут включать (1) возобновление значимости ценности брака, вызванное длительным национальным обсуждением брака для однополых пар, (2) гетеросексуальные люди, воспринимающие себя союзниками, ожидающими вступления в брак, пока однополые пары не смогут это сделать, или (3) бисексуальные люди, ожидающие, пока штаты разрешат браки между однополыми парами, прежде чем заключать разнополые браки в знак признания своей основополагающей идентичности... Анализ исследователей показывает, что аргументы, доступные противникам законного брака для однополых пар, сегодня уже, чем когда-то. Если раньше можно было рассуждать о последствиях распространения правового статуса на однополые пары в Соединённых Штатах, то теперь последствия известны. Нет эмпирических оснований для опасений, что разрешение однополым парам вступать в брак негативно повлияет на намерения и выбор разнополых пар и семей. Единственное эмпирическое свидетельство эффекта, обнаруженное исследователями, предполагает, что политика, разрешающая однополые браки, приводит к возобновлению интереса к браку среди широкой общественности». (Benjamin R. Karney, Melanie A. Zaber, Molly G. Smith et al. Legalizing Marriage for Same-Sex Couples Did Not Harm Family Formation in the United States. Twenty Years of Evidence.)

Как видите, легализация гомосексуального супружества не разрушает, а укрепляет институт моногамной семьи. И даже способствует снижению количества разводов:

«ACS (American Community Survey: ежегодная программа демографических обследований, проводимая Бюро переписи населения США — ред.) оценки показывают, что через пять лет после изменения брачной политики количество разводов уменьшилось». (Там же)

Приложение.
Как РПЦ из святоотеческого предания гомофобию выцеживает

В этой публикации посмотрим как Русская Православная Церковь Московского Патриархата годами спекулирует авторитетом святоотеческого предания для культивации ненависти и отвращения к ЛГБТ.

За основу возьмём документ, принятый Архиерейским собором РПЦ в 2000-м году: «Основы социальной концепции Русской Православной Церкви» («ОСК РПЦ»). Его тезисы и аргументы были развёрнуты в статье «Гомосексуализм» многотомной Православной энциклопедии, выходящей под общей редакцией Московского патриарха, которую мы тоже будем учитывать.

После манипулятивных заявлений об осуждении гомосексуализма в Священном Писании «ОСК РПЦ» продолжает:

«Святоотеческое предание столь же ясно и определённо осуждает любые проявления гомосексуализма. «Учение двенадцати апостолов», творения святителей Василия Великого, Иоанна Златоуста, Григория Нисского, блаженного Августина, каноны святого Иоанна Постника выражают неизменное учение Церкви: гомосексуальные связи греховны и подлежат осуждению».

Парадоксальным образом документ не врёт, когда пишет, что святоотеческое предание осуждает «любые проявления гомосексуальности» «столь же ясно и определённо», как и Писание. С текстами святых отцов авторы совершили не меньшее насилие, чтобы выжать из них гомофобию.

Проверка первого же источника — «Учения двенадцати апостолов» («Дидахе») — приводит к изумляющему выводу: ни гомосексуальных отношений, ни даже гомосексуальных актов там не упоминается. «Православная энциклопедия» ссылается на «Дидахе» более осмотрительно:

«В творениях св. отцов и учителей Церкви Г. и сопряжённые с ним грехи (напр., деторастление) рассматриваются как одни из самых постыдных и тяжелых (Didache. 2. 2 [...]»

И действительно, в «Дидахе» упоминаются только деторастлители:

«Не убивай, не прелюбодействуй, не развращай детей (παιδοφθορήσεις), не блуди, не кради, не занимайся колдовством, не используй зелья, не убивай младенца в утробе и не умерщвляй рождённого. Не желай того, что принадлежит ближнему твоему».

Оригинал: «οὐ φονεύσεις, οὐ μοιχεύσεις, οὐ παιδοφθορήσεις, οὐ πορνεύσεις, οὐ κλέψεις, οὐ μαγεύσεις, οὐ φαρμακεύσεις, οὐ φονεύσεις τκνον ἐν φθορᾷ, οὐδὲ γεννηθὲν ἀποκτενεῖς, οὐκ ἐπιθυμήσεις τὰ τοῦ πλησίον».

Но педофилия сопряжена с гомосексуальными отношениями любви не более, чем с гетеросексуальными отношениями. Перед нами грубая манипуляция!

Последний аргумент — Каноны Иоанна Постника — тоже отнюдь не в пользу гомофобии. В них многократно упоминается неологизм апостола Павла ἀρσενοκοῖται с неизвестным значением, который в РПЦ принято переводить «мужеложники» и в последнее время считать синонимом гомосексуалистов. Однако в действительности святитель Иоанн под грехом арсенокоитии имеет ввиду не гомосексуальные связи, а анальное проникновение вне зависимости от того гомо- или гетеросексуальный характер они имеют:

«Есть же и женское мужеложство, в котором мужья, помрачённые и ослеплённые врагом, оставив естественное дело, в задний проход блудят с несчастными женщинами и иное с своими жёнами. Для таковых много больше и тяжелее канон назначается сравнительно с другими мужеложниками, если они обратятся к раскаянию».

«ОСК РПЦ», впрочем, ссылается на другой канон Иоанна Постника — 30-й:

«Кто, будучи ещё ребёнком, осквернён был кем либо, тот не может вступить в священнический чин, ибо хотя, как несовершеннолетний, он и не согрешил, все же тело его осквернено и стало непригодно для священнического служения. Если же ему, как ребёнку, учинена нечистота в бедра, то ему, после соответственной епитимии, нельзя воспрещать вступить в священнический чин».

Невероятно, но здесь речь не о гомосексуализме, а о педофилии. При этом из контекста ясно, что анальное осквернение подростка считается более тяжким, чем «нечистота в бедра». Очевидно, что автора волнует не гомосекуальный характер связи, а нечто иное, что открывается, если учитывать натурфилософские представления того времени о природе человеческой сексуальности.

Будучи сыновьями своего времени, святые отцы давали нравственную оценку явлениям, исходя из господствовавших в их время натурфилософских представлений. В данном случае, из Аристотелевской антропологии, считавшей женственность неполноценным вариантом мужественности. С такой перспективы всякое активное проникающее действие воспринималось как мужское, а пассивное и воспринимающее как женское. Получалось, что пассивный мужчина-партнёр в анальном проникновении играл женскую роль, унижающую его полноценную мужскую природу. При ласках межбедрённых полноценного проникновения не происходит. Поэтому и оскорбление мужественности не столь глубокое, что заслуживало снисхождения.

Интересные комментарии даёт на обсуждаемое правило священноисповедник Никодим (Милаш). Во-первых, он демонстрирует, что древние дисциплинарные каноны могут читаться современными христианами критично:

> «…правило предписывает, чтобы осквернённое лицо подвергнуто было соответствующей епитимии, хотя мы не понимаем, чем виновато лицо, которое осквернено было в детстве каким-либо негодяем».

Во-вторых, он подтверждает, что речь в этом правиле не о гомосексуализме, а о растлении детей:

> «В настоящем правиле речь идёт о деторастлении (παιδοφθορία)».

Следующий аргумент «ОСК РПЦ» — 4-е правило Григория Нисского:

> «…Однако поскольку более немощным отцы оказали некоторое снисхождение, то для этого греха установлено такое общее деление: блудом называется удовлетворение похоти, сделанное без оскорбления другого, а прелюбодеянием — сделанное со злым умыслом и оскорблением для чужого. Считается, что к последнему относится также скотоложство и мужеложство (παιδεραστίαν), потому что и это прелюбодеяние против естества: оскорбление наносится чужому и притом вопреки природе…»

Оригинал: «...Πατέρων συμπεριφορά, διεκρίθη τὸ πλημμέλημα τῇ γενικῇ διαιρέσει ταύτῃ, ὡς πορνείαν μὲν λέγεσθαι τὴν χωρὶς ἀδικίας ἑτέρου γινομένην τινὶ τῆς ἐπιθυμίας ἐκπλήρωσιν, μοιχείαν δέ, τὴν ἐπιβουλήν τε καὶ ἀδικίαν τοῦ ἀλλοτρίου. Ἐν ταύτῃ δὲ καὶ τὴν ζωοφθορίαν καὶ τὴν παιδεραστίαν εἶναι λογίζονται, διότι καὶ ταῦτα φύσεώς ἐστι μοιχεία, εἰ γὰρ τὸ ἀλλότριόν τε καὶ παρὰ φύσιν γίνεται ἡ ἀδικία...»

Обратите внимание, что в русском переводе словом «мужеложство» переведено греческое слово «παιδεραστίαν» (педерастия). Оно состоит из двух корней: «παῖς» (отрок) и «ἐραστής» (любовник). Этим словом обозначалось вполне определённое социальное явление, которое не сопоставимо с выстраиванием отношений преданной равноправной любви, возможность реализовать которую отстаивают геи-христиане. Историк античной философии Рустам Галанин пишет:

«Смысл так называемой древнегреческой гомосексуальности, или, как изящно выражались римляне, Mos Graecorum («греческий обычай»), в общих чертах заключался в том, что взрослые мужчины практиковали эротические отношения с юношами, что называлось παιδεραστία (пайдерастия) [...] такие отношения были в известной степени стержнем греческой системы воспитания, или, лучше сказать, того комплексного педагогического явления, которое называлось пайдейя (παιδεία).

Суть этого явления в том, что взрослый и часто уже семейный мужчина, который назывался эраст (любящий), заводил знакомство с молодым человеком, обычно в возрасте от 14 до 17 лет, который становился его эроменом (возлюбленным). Эти отношения в большинстве своём длились несколько лет — до тех пор, пока на щеках молодого человека не начинала пробиваться первая растительность, и за этот период взрослый научал юношу тому, что греки называли арэтэ (ἀρετή), а мы обычно, предельно упрощая, зовём добродетелью». (Рустам Галанин, «Греческий обычай»: каковы истоки афинской пайдерастии.)

Таким образом, правила Григория Нисского осуждают не преданные равные отношения гомосексуальной любви, а уже отживший обычай при котором зачастую женатый гетеро- или бисексуал заводил малолетнего любовника. Подросток-любовник нередко похищался из дома родителей и жил на правах содержанта, а в сексуальной близости играл женскую роль.

Григорий Нисский объясняет, что дурного в «παιδεραστίαν» с его точки зрения: «оскорбление наносится чужому и притом вопреки природе (παρὰ φύσιν)». У современного читателя большое искушение понять выражение «вопреки природе» как осуждение гомосексуальной направленности. Однако во времена Григория Нисского это выражение понималось иначе:

«...даже когда мужчина соединяется с блудницей для использования этих членов, это использование является естественным. Однако оно не похвально, а скорее порицаемо. Но что касается любой части тела, не предназначенной для целей зачатия, если мужчина использует даже собственную жену, то это противоестественно и преступно...» — Блаженный Аврелий Августин.

Другими словами, противоестественными (под влиянием иудаизма) считались любые способы употребления половых органов без шанса на зачатие. Даже в гетеросексуальном акте. «Педагог» Климента Александрийского свидетельствует о том же:

«Природа как в отношении пищи, так и в отношении законного брака позволяет пользоваться лишь тем, что естественно, целесообразно и благопристойно. Она дозволяет страстное стремление к произведению детей. Но всякая чрезмерность и неумеренность идут уже против законов природы; неестественными связями допускающие их сами себе вредят».

Такими же манипулятивными на поверку оказываются и прочие отсылки «ОСК РПЦ» и Православной энциклопедии. Например, Энциклопедия ссылается на 7-е Правило Василия Великого, где в греческом оригинале «мужеложники» это ἀρρενοφθόροι: то есть не гомосексуалисты как таковые, а растлители (насильники) отроков.

Она же цитирует 62-е правило Василия Великого в следующем виде:

«явившему неистовство на мужеском поле, время для покаяния да расположится сообразно времени беззаконновавшаго прелюбодеянием».

Даже такой перевод требует употребить домыслы, чтобы «неистовство на мужском поле» отождествить с отношениями преданно любящих друг друга гомосексуалистов.

В оригинале читаем:

«Ὁ τὴν ἀσχημοσύνην ἐν τοῖς ἄρρεσιν ἐπιδεικνύμενος, τὸν χρόνον τοῦ ἐν τῇ μοιχείᾳ παρανομοῦντος οἰκονομηθήσεται».

Это ближе к тексту переводится так: «Кто непристойность с мужчинами проявляет, будет наказан как прелюбодействующий».

Но мы уже знаем, что в то время непристойным считалось мужчине играть пассивную роль в соитии, даже если оно гетеросексуальное. То есть под это правило подпадают и гетеросексуальные мужья, которые позволили оскорбить собственную мужественность, разрешив жёнам играть активную, господствующую роль.

«Как нам уже известно, вагинальные сношения между мужем и женой заслуживали осуждения в качестве «содомии», если мужчина брал женщину сзади или если женщина занимала господствующую позицию «сверху»...» (Ева Левина, Секс и общество в мире православных славян.)

Похоже, святителя Василия Великого заботит не гомо- или гетеросексуальная направленность соития, а то, оскорбляется ли в нём мужественность, как она понималась в актуальной для его времени антропологии Аристотеля. Но мы живём в эпоху иных научных представлений о природе полов. Может настало время руководствоваться современным нам представлением о природе человеческой сексуальности, чтобы давать нравственную оценку тем или иным феноменам?!

Заканчивает «ОСК РПЦ» цитированием слова 19-го Максима Грека — «Против предающихся безумно богомерзким скверным содомским грехам, низводящим в погибель и в муку вечную»:

> «Познайте себя, окаянные, какому скверному наслаждению вы предались!.. Постарайтесь скорее отстать от этого сквернейшего вашего и смраднейшего наслаждения, возненавидеть его, а кто утверждает, что оно невинно, того предайте вечной анафеме, как противника Евангелия Христа Спасителя и развращающего учение оного. Очистите себя искренним покаянием, тёплыми слезами и посильною милостынею и чистою молитвою... Возненавидьте от всей души вашей это нечестие, чтобы не быть вам сынами проклятия и вечной пагубы».

Эта эмоционально сильная цитата не имеет, однако, самого существенного элемента: достоверного указания на гомосексуальные отношения (или хотя бы акты).

Упоминания в названии поучения содомского греха мало, чтобы заключить, что речь о любых формах гомосексуальных отношений.

«В церковном праве и покаянной литературе употребляется масса уничижительных эпитетов для обозначения сношений в задних позах: «содомия», «противоестественный», «безобразный», «чудовищный». Те же самые слова время от времени применялись к иным видам сексуальных сношений. Анальные сношения между мужчинами считались также «противоестественными», хотя иные формы гомосексуальных отношений такого ярлыка не удостаивались...» (Ева Левина, Секс и общество в мире православных славян.)

В тексте Максима Грека есть некоторые исторические подсказки:

«Поэтому достоин великих похвал древний приснопамятный царь Иустиниан Великий, который, будучи воодушевлён великою ревностью Божиею, подверг различным мукам творивших во время его царствования эту гнусную скверну. Не менее его достоин похвал и некоторый князь славного города Венеции, который также по божественной ревности многих таковых сжёг огнём, прибавив к ним и своего сына, который был оклеветан ему одним изнасилованным им отроком, и он нисколько его не пощадил, но, как передаёт сказанье, повесил его, употребив для сего золотую цепь».

Первый эпизод нам известен из «Хроники Иоанна Малаллы» (кн. XVIII пар. 18). Он сообщает, что на грехе попались два епископа, которые эпархом города Константинополя Виктором были осуждены. Одному из них даже отсекли гениталии.

«И василевс сразу повелел, чтобы у тех, кого уличили в педерастии (παιδεραστίας) отсекали гениталии…».

О том, что древняя пайдерастия, то есть сношения с поражёнными в правах юношами, не сопоставима с отношениями любви равных партнёров-геев, мы уже знаем.

Гомофобам, конечно, захочется зацепиться за то, что далее Иоанн сообщает, что в связи с этим указом пострадали многие спящие с мужским полом (ἀνδροχοῖται). Но уместно бы вспомнить азы логики: объёмы понятий, круги Эйлера. Дело в том, что все пайдерасты (в древнем значении) — ἀνδροχοῖται (спят с мужским полом), но не все ἀνδροχοῖται — пайдерасты. Да, под действие указа попали многие андрокоиты. Но не все, а только те, которые были уличены в пайдерастии (παιδεραστίας).

Второй пример, приведённый Максимом Греком, это устная легенда о Доже Венеции Пьетро II Орсеоло (правил с 991 по 1009 годы), который казнил своего сына за содомию. Вот только термин «содомия» охватывал большое разнообразие сексуальных практик, которые возможны не только в гомосексуальных отношениях.

«Содомия подразумевала все сексуальные отношения без репродуктивной функции, от экстравагинальных гетеросексуальных отношений до связей с животными и гомосексуальных отношений между мужчинами или женщинами». (Корбен Ален. История тела. В 3-х томах. Том 1. От Ренессанса до эпохи Просвещения, Содомия.)

Да и случай этот относится к числу устных сплетен, рассказываемых каждым по-своему. Документальных подтверждений не имеет. Поэтому из этого примера невозможно установить, за что именно, якобы, казнил дож своего сына в действительности.

Сам Максим Грек упоминает, что сын Венецианского князя не развивал свободные отношения однополой любви, а изнасиловал некоего отрока. Приравнивать изнасилование, тем более подростка, к зрелым свободным отношениям любви между равными партнёрами — серьёзная манипуляция!

Итак, Московский Патриархат пытается обосновать разжигаемую в отношении ЛГБТ рознь, применяя к текстам святоотеческого предания манипулятивные приёмы. В одних случаях, он приписывает желаемые смыслы терминам, точное значение которых неизвестно (арсенокоития, малакия). В других случаях он переводит одним и тем же словом — «мужеложство» — совершенно разные греческие термины, имеющие широкий смысловой разброс, а затем делает вид, что «мужеложство» это всегда гомосексуализм как таковой.

Наконец, пропаганда РПЦ вырывает из культурно-исторического контекста такие понятия как противоестественные виды сношений, содомия и подобные, приписывая им современный гомофобский смысл, хотя средневековая христианская литература даёт понять, что именно подразумевали под ними авторы того времени.

Не приведя ни одного текста, который бы однозначно осудил гомосексуальные отношения именно за их однополую направленность, авторы «ОСК РПЦ» предлагают манипулятивный вывод, что святоотеческое предание «осуждает любые проявления гомосексуализма». Это прямая ложь!

Did you love *Может ли православный не быть гомофобом?*? Then you should read *Can a Christian not be homophobic?*[1] by onmounty and Aleh Nahorny!

[2]

"The Bible clearly teaches that homosexuality is an abomination in the eyes of God! You must choose between serving God and indulging your sinful tendencies!" This book is for those who are willing to say similar words to people with a homosexual orientation. It is also intended for those who are told similar things.

---

1. https://books2read.com/u/bwwOke

2. https://books2read.com/u/bwwOke

The book will also be useful to activists, believers and non-believers, who advocate for equal rights for queer people. They will find here a reasoned defense against theological attacks. I am convinced that equal rights for queers in Christian churches is not just a demand of the "outside corrupted world" (as homonegativists say). It is also a demand for a healthy approach to Biblical theology.

Also by Aleh Nahorny

Ar krikščionis gali nebūti homofobas?
Can a Christian not be homophobic?
Может ли православный не быть гомофобом?